촛불이 어두운 밤을 밝히듯이

그림책이 우리의 삶을 밝혀 주리라 믿으며

_____

마음으로 쓰는

그림책

한 문장

마음으로 쓰는 그림책 한 문장

초판 1쇄 발행 2021년 12월 20일
초판 2쇄 발행 2022년 5월 27일

지은이 / 권현숙, 김준호, 김창덕, 인경화, 조형옥

발행 / 케렌시아
인쇄 / (주)다해씨앤피
일원화 구입처 / 031-407-6368 (주)태양서적
등록 / 2021년 11월 18일 (제386-2021-000096호)
이메일 / niceheo76@gmail.com

ISBN 979-11-976811-0-3 (03370)

값은 표지에 있습니다.
저작권법에 따라 한국 내에서 보호를 받는 제작물이므로 무단 전재 및 복제를 금합니다.

마음으로 쓰는

그림책

한 문장

권현숙
김준호
김창덕
인경화
조형옥

케렌시아

들어가며

 창문을 두드리는 빗소리에 눈을 뜬다. 아직 하루를 시작하기 이른 새벽, 책꽂이로 다가간다. 가지런히 꽂힌 책 중에서 유난히 눈에 들어오는 책이 있다. 몇 번을 읽은 책이지만, 표지부터 다시 찬찬히 살피며 한 장 한 장 넘긴다.

 우리는 '세상'이라는 무대에서 늘 아슬아슬하게 줄타기를 하며 살아간다. 일을 할 때도, 사람들과 관계를 맺을 때도 균형이 중요하다. 균형을 못 잡고 줄 위에서 비틀거리다 떨어지기도 한다. 하지만 늘 곁에서 손을 잡아주는 이가 있어 다시 줄 위로 오를 수 있다. 한 발짝 떼고 두 발짝 뗀다. 그렇게 다시 전진하며 균형을 잡는다. 함께 살아가는 이웃들과 눈맞춤을 하고, 세상의 소리에 귀를 기울이며 행복을 향해 나아간다. 가슴이 두근거린다.

그림책을 필사하면서 이 책을 쓰게 되었다. 필사는 그림책을 읽고 나만의 방식으로 생각하고 느낄 수 있는 가장 좋은 방법이다. 바쁘게 살면서 매일 책을 읽고 필사하는 것이 쉽지 않지만 그림책이기에 가능하다. 특별한 일이 없으면 그림책 한 권 읽고 하루를 시작하는 것이 일상이 되었다. 마음에 드는 부분이 있으면 손글씨로 적고, 생각이나 느낌도 간단하게 적어둔다. 혼자만 필사하기 아쉬울 때는 함께 필사하는 이들과 나누기 위해 단체대화방에 올리기도 한다. 그림책 한 권이나 한 문장이 이야깃거리가 되어 하루 종일 정담이 오가기도 한다. 설전보다는 공감과 위로, 격려가 대부분이다. 그림책이 좋아서 만났을 뿐인데 서로가 희망이 되어 살아간다.

그림책은 좋다. 아이들에게 그림책이 좋다는 것은 누구나 알고 있다. 정서 발달, 사회성 함양, 다양한 지식과 정보 습득, 독서 습관 형성 등은 누구나 공감할 것이다. 같은 이유로 그림책은 어른들에게도 좋다. 그림책은 독자의 나이를 따지지 않는다. 독자가 읽고 느끼는 대로 그림책은 다가온다. 그래도 그림책이 너무 시시하고 재미 없다고 생각하는 어른들에게 자신 있게 추천할 수 있는 그림책도 있다. 요즘은 어른들을 위한 그림책도 다양하게 출판되고 있다.

성인이자 부모이자 교사라면 더더욱 그림책이 유용할 것이다. 자신을 위해, 자녀와 학생들을 위해 그림책의 가치를 느껴보길 바란다. 일 년에 책 한 권 읽기 힘들 만큼 바쁘게 사는 이들에게 그림책은 가족 독서를 할 수 있는 가장 좋은 책이다. 다양한 학생들과 함께 읽고 공감과 이해를 나누며 토론할 수 있는 책이 바로 그림책이다. 그래서 그림책은 참 좋다.

그림책을 읽다 보면 유난히 기억에 남는 그림이나 문장이 있다. 때로는 가슴을 시큰거리게 만들기도 하고, 울컥하게 하기도 하고, 눈시울을 뜨겁게 하기도 한다. 그림책 한 권이 내면 깊숙한 곳에 가라앉아 있던 과거를 흔들어 깨우기도 한다. 잘못하고 있는 일에는 따끔한 충고를, 잘 하고 있는 일에는 무한한 칭찬을 준다. 그동안 잘 살았다며 따뜻하게 안아주기도 한다. 그렇게 다가온 문장 100개를 골라 이 책에 실었다. 우리 저자들이 받은 감동이 전해지기를 바라는 마음도 함께 담았다.

100권의 그림책에서 100개의 문장을 선정하였다. 선정한 그림책 100권은 저자들의 인생 그림책이라고 할 만큼 훌륭한 그림책이다. 그림책에서 뽑은 한 문장 역시 살아가는 순간들을 의미 있게 반영하고 있다. 이미 읽은 책이라면 더 깊고 넓게 이해할 수 있으며, 마음에 드는 문장을 따라 적으면서 그림책의 감동을 되새길 수도 있을 것이다.

 여기에 소개한 문장이 담긴 그림책은 대부분 쉽게 구할 수 있다. 학교 도서관이나 공공 도서관에서 빌리거나 서점에서 구할 수도 있다. 요즘은 인터넷 서점도 있으니 필사를 하기 전에 그림책을 먼저 읽어보기를 권한다. 여러 번 읽으면 더욱 좋다. 왜냐하면 그때마다 글이, 그림이 매번 새롭게 다가올 수 있기 때문이다. 그렇게 음미하며 자신만의 문장을 찾는 것도 좋다. 여기에 담은 글은 저자들의 마음에 든 것이니 읽는 분의 그것과 다를 수 있다.

 이 책에 소개하는 문장과 글을 먼저 읽고, 필사를 한 다음, 그림책을 찾아보는 것도 괜찮다. 먼저 읽든 나중에 읽든 그림책을 꼭 읽어보기를 바란다. 이 책에는 저자들이 그림책에서 찾은, 독자 여러분과 나누고 싶은 문장을 먼저 소개하고 그 아래 저자들의 생각과 느낌을 짧은 글에 담았다. 오른쪽에 그 문장을 써보고 그 밑에는 자신의 글을 담아보기를 바란다. 혹은 자신이 찾은, 내가 발견한 그림책 한 문장을 적어도 된다. 작은 공간이지만 어떻게 활용하든 그것은 여러분의 몫이다.

 그림책에 대하여 잘 몰라도 된다. 저자들과 함께 같은 문장을 읽고 필사하는 것만으로도 공감과 위로를 느낄 수 있을 것이다.

선정한 문장은 그림책이 전하고자 하는 의미를 함축하고 있으면서, 우리 삶에 촛불 같은 역할을 할 수 있는 구절이기 때문이다. 촛불이 어두운 밤을 밝히듯이 그림책이 우리의 어둡고 쓸쓸한 삶을 밝혀 줄 수 있으리라 믿는다.

촉촉하게 내리는 비는 건조해진 대지의 균형을 맞추기 위한 자연의 섭리일 것이다. 그치지 않는 비는 없다. 삶의 가장 멋진 순간도, 가장 힘든 순간도 모두 균형을 맞추기 위한 과정이다. 일희일비 하며 삶에 휘둘리기보다는 사랑하는 이들과 함께 가슴 뛰는 이 순간을 즐길 수 있기를.

2021년 12월
우리를 위로해 준
그림책과 한 문장에 감사하며

꽃도 잎도 열매도 떠난
겨울, 지금에야 나는 보았네.

001

흔들리지 않으려 흔들렸었구나
흔들려 덜 흔들렸었구나
— 『흔들린다』

조용히 살고 싶은데 세상살이는 참 만만치가 않다. 자꾸 시끄러운 세상으로 내몰린다. 수시로 삶을 비집고 들어와 흔들어댈 때, 자칫 잘못하면 송두리째 뽑힐 것 같아 기를 쓰지만 고단하고 버겁다. 하지만 그렇게 아등바등 버티지 말아야 한다. 그러다간 부러지기 십상이다.

그러니 돌아오지 않을 것처럼 나서야 한다. 깨어나지 않을 것처럼 마셔대야 한다. 천 원짜리 따져가며 소비하던 쫌순이 모습일랑 던져버리고 '에이 모르겠다!' 하며 질러대야 한다. 그렇게 스스로 흔들어대며 정신 줄도 내려놓아야 끊기지 않고 다시 팽팽히 당길 수 있을 때가 돌아온다.

흔들림 없는 삶이 어디 있겠는가. 누구에게나 흔들릴 수밖에 없는 속사정이 있다. 그러니 남들이 술 마시고 노래하며 질러대거들랑 손가락질하지 말아야 한다. 그 또한 흔들리지 않으려 흔들리는 중일 테니, 오히려 그 흔들림이 꼿꼿이 다시 서게 만드는 충전일지도 모르니.

흔들리지 않으려 흔들렸었구나
흔들려 덜 흔들렸었구나

우리가 살면서 다양한 '퐁'을 원한다면……
먼저 많은 '핑'을 해야 한다는 것을 기억하세요!
- 『핑』

"꼭 그걸 말로 해야 해?"라는 말을 다양한 상황에서 하게 된다. 그 질문에 대한 답은 늘 하나다. "어, 말로 해야 돼." 말이라고 했지만, 말 대신 '표현'이라고 써야 더 의미가 잘 통할 것이다. 그렇다. 말을 해야 한다. 표현을 해야 한다. 사랑도, 분노도, 기쁨도, 고마움도, 슬픔도 다 표현을 해야 안다. 내 표현이 과해서 혹시 상대에게 부담이 될까 염려하고, 내가 표현을 했는데도 상대에게 기대한 만큼의 반응을 못 받으면 무안해질까 봐 미리 쿨한 척, 괜찮은 척하면 오해만 더 쌓인다.

'핑'은 내가 상대방에게 보내는 표현들이다. 내가 할 수 있는 일은 진심이 닿도록 '핑'을 잘 보내는 데까지다. 내가 보낸 '핑'들이 때론 오해와 실망으로 돌아오더라도 다시 용기를 내어 내 목소리를 전하다 보면 '퐁' 하고 대답이 돌아오는 순간도 찾아온다. 눈빛만으로 알아주길 기다리지 말고 마음껏 표현하자. 사랑하는 것이 '핑'이고, 살아가는 것이 '핑'이니까.

우리가 살면서 다양한 '퐁'을 원한다면……
먼저 많은 '핑'을 해야 한다는 것을
기억하세요!

인생은 여전히 웃음 짓기에 충분하지 않은가
- 『아이는 웃는다』

무언가를 배우는 것은 무언가를 얻는 것이다. 배움을 통해 살아가는 데 필요한 지식과 희로애락의 감정, 다른 이들과 소통하는 방법 등을 알게 된다. 울고, 먹고, 자는 것밖에 모르던 아기가 엄마와 눈을 맞추고 얼굴을 찬찬히 바라보다가 환하게 웃는다. 배우는 줄도 모르면서 세상을 배우는 기쁨에 웃는다. 그 미소를 한번 보려고 엄마와 아빠도 온갖 노력을 기울인다. 무언가를 배우는 것은 웃음과 기쁨을 얻는 것이다.

나이가 들어가면서 배우는 것이 많아질수록 웃음을 잃어가는 것 같다. 아이들에게 배움은 더이상 즐겁고 기쁘지 않다. 부모는 더 많은 배움을 요구하며 아이들을 학교와 학원으로 보낸다. 배우면 배울수록 웃음을 잃어가는 아이들, 배우는 것이 오롯이 얻기만 하는 것은 아닌 이유다. 아이들이 배우면서 웃고, 웃으면서 배울 수 있으면 좋겠다. 살아간다는 것만으로도 인생은 웃음 짓기에 충분하니까.

인생은 여전히 웃음 짓기에
충분하지 않은가

나는 오늘도 달립니다.
매일 같은 시간
매일 같은 길을.
- 『나는 지하철입니다』

지하철은 매일 같은 시간, 같은 길을 달린다. 가는 길 곳곳에서 다양한 삶의 이야기를 품은 사람들을 마주한다. 그리고 어떠한 불평도 없이 수많은 사람을 목적지까지 안전하게 데려다준다. 지하철은 그저 사람들을 가득 싣고 묵묵하게 달릴 뿐이다.

지하철 같은 사람이 되고 싶다. 가는 길 마디마디 덜컹거리지만, 주위의 시선이나 평가에 얽매이지 않고 자기 길을 가는, 길에서 만나는 이들과의 인연을 소중히 여길 줄 아는, 진심으로 사람을 대하며 이들을 가슴에 품을 수 있는 지하철 같은 사람이 되고 싶다.

지하철 같은 교사가 되고 싶다. 아이들이 자신을 사랑하고 더 나은 인생을 살 수 있도록 안내하고 이끌어주는, 아이들이 필요할 때면 아이들 곁에서 아이들의 이야기를 들어주는, 삶에 힘이 들 때면 언제든지 찾아와 고민을 나눌 수 있는 지하철 같은 교사가 되고 싶다.

나는 오늘도 달립니다.
매일 같은 시간
매일 같은 길을.

005

> 낙타는 깨달았어,
> 찾으려고 애쓰면 보인다는 이치를 말이야.
> －『술래가 된 낙타』

사람마다 인생의 굴곡이 있다. 사막도 있고 광야도 있고 평지도 있고 골짜기도 있고 돌무더기도 있다. 먼지 풀풀 날리고 풀 하나 없는 사막과 같은 곳에서 살아가야 할 인생인 줄 알았더라면 아마 진작에 포기했을 것이다. "왜? 도대체 왜?"라고 아무리 외쳐보아도 답은 없다. 살면서 "왜?"라는 질문은 하면 할수록 이상하게 더 깊은 수렁으로 빠진다. 그럴 때는 "왜?"를 내려놓고 "어떻게?"라는 질문을 던진다.

어제와는 전혀 다른 광경이 펼쳐진다. 상황은 전혀 변하지 않았으나 기적처럼 내면의 혜안을 뜨고 깨닫게 된다. 도무지 물줄기라고는 찾을 수 없는 사막 같은 삶의 연속에서 어느 날 갑자기 오아시스가 나타나듯, 이제껏 살아온 날들이 새롭게 해석될 때가 있다. 나를 살리는 통찰의 눈은 바로 내 안에 있다. 찾으려고 애쓰면 보인다. 숨바꼭질하듯 꼭꼭 숨어있던 나만의 길이 보인다. 살려고 마음만 먹는다면, 결심만 한다면 반드시 길은 보인다.

낙타는 깨달았어.
찾으려고 애쓰면 보인다는 이치를 말이야.

006

꽃도 잎도 열매도 떠난
겨울, 지금에야 나는 보았네.
– 『겨울, 나무』

꽃 받쳐 든 잔가지들은 꽃 필 적엔 꽃에 가려, 가지 끝을 하늘로 뻗쳐 올리던 줄기들은 잎 날 적엔 잎에 가려 좀처럼 눈에 띄지 않는다. 꽃도 잎도 열매도 다 떨어지고 나면, 절기마다 제 몫을 톡톡히 다하던 그 겨울나무의 모습이 그제야 온전히 드러난다.

다 때가 있는 법, 때가 되어야 진가를 볼 수 있는 것이 있다. 인생도 그러하다. 젊은 시절 한참 삶의 목표를 향해 내달릴 때는, 자식 낳아 잘 키워보겠노라고 아이들에게 집중할 때는 그것들에 치이어서 제 모습의 삶에 집중하지 못했다. 이제 그 정신없이 바쁘던 세월 보내고 한시름 내려놓으니 저절로 모습이 드러난다. 예전처럼 빠르거나 영민하지 못하지만, 화려하거나 실하지도 않지만, 오롯이 자신을 들여다볼 여유가 생긴다.

그렇게 꽃도 잎도 열매도 떠난 겨울, 따사로이 햇빛을 받는 겨울나무처럼 인생에도 오롯이 자신에게만 집중해서 가장 자신답게 꾸며갈 수 있는 고즈넉한 시절의 여유로운 제2의 인생이 다가올 때가 온다.

꽃도 잎도 열매도 떠난
겨울, 지금에야 나는 보았네.

007

**날지 않으려고
끝없이 핑계를 대왔다는 것을.**
— 『여기보다 어딘가』

　새로운 삶을 동경하지만, 우리는 대부분 살던 대로 산다. 그게 쉽기 때문이다. 다른 사람의 멋진 삶을 보며, '집이 좀 더 잘 살았더라면', '몸이 좀 더 건강했더라면'이라고 하며 바꾸기 어려운 삶의 조건들이나 과거 상황을 핑계로 삼으며 지금의 삶을 합리화한다. 그래서 누군가 다가와 다른 세계를 보여주고, 다른 가능성을 알려줘도 그건 내 몫이 아니라며 애써 외면한다. 삶의 방식과 일상을 바꾼다는 것은 그만큼 두렵고 어려운 일이다. 그리고 혼자 하기도 쉽지 않다.

　하지만 내 안의 가능성을 말해주고 옆에서 도와주는 이가 있다면 이제 기꺼이 손을 내밀어보자. 도움을 요청하는 건 실패를 인정하는 게 아니라 가장 적극적인 용기다. 나는 법을 못 배웠다는 게 들키기 싫어 아무 곳도 가지 않던 조지가 파스칼의 도움을 받아들인 것처럼 더 늦기 전에 나를 가로막는 핑계들을 인정해야겠다. 그리고 기꺼이 손 내밀어 새로운 가능성을 만나보리라. 남은 날 중 오늘이 가장 젊은 날이니까.

날지 않으려고
끝없이 핑계를 대왔다는 것을.

008

넌 이제껏 없었고, 앞으로도 결코 없을
이 세상에 단 한 사람, 바로 너란다.
− 『아마도 너라면』

 이 세상에 의미 없는 생명은 없다. 나는 이 세상에 단 하나뿐인 생명이다. 나는 소중한 사람이다. 언제부턴가 세상에서 가장 소중한 존재가 누구인지 잊고 살았다. 아무도 말해주지 않았기에 생각조차 하지 못했다. 삶의 의미를 잃고 방황하며 지낼 때, 가족과 친구들이 곁에 있었지만 아무도 말해주지 않았다. 인정받고 싶었다. 내가 세상에서 가장 소중한 사람이라는 것을. 당연한 사실이기에 말할 필요를 느낄 수 없더라도 종종 확인할 필요가 있다. 자존감을 높이고 무한한 가능성을 발휘할 수 있도록 나 자신과 사랑하는 이들에게 꼭 말해야겠다.
 "이 세상에서 너는 오직 너 하나뿐이야. 오직 하나뿐인 너를 사랑해!"
 자신의 소중함을 깨닫고 스스로를 사랑하는 사람은 다른 사람의 소중함도 깨닫고 사랑할 수 있다. 그렇게 서로의 소중함을 깨닫고 사랑하며 살아갈 때, 더 큰 행복을 느낄 수 있을 것이다.

넌 이제껏 없었고, 앞으로도 결코 없을
이 세상에 단 한 사람, 바로 너란다.

가드를 올린다.
아무도 없는 모퉁이에서
―『가드를 올리고』

권투만큼 정직한 스포츠가 없다. 땀 흘리며 노력한 만큼의 결과가 링 위에서 나타난다. 권투 경기에서 승리하기 위해서는 쉴 새 없이 쏟아지는 주먹을 피하며 상대방의 빈틈을 찾아 주먹을 뻗어야 한다. 그렇지 않으면 상대방에게 펀치를 허용해 쓰러지고 만다.

삶도 권투 경기와 다르지 않다. 쏟아지는 주먹을 계속해서 맞다 보면 삶을 포기하고 싶은 순간이 있다. 삶의 무게가 버거워 주저앉고 싶다. 하지만 어떻게든 버텨야 한다. 이겨내야 한다. 무너지지 말아야 한다. 다시 일어서야 한다는 마음으로 버텨야 한다.

링 위에서 가드를 올린다는 건 싸울 준비가 되었다는 뜻이다. 넘어져도 다시 일어나 가드를 올리는 권투 선수처럼 마음과 몸이 상처투성이지만, 오늘도 난 아무도 없는 모퉁이에서 다시 가드를 올린다. 가드를 올리고 있는 한 삶의 희망은 존재한다.

가드를 올린다.
아무도 없는 모퉁이에서

010

선물로 드립니다.
모두 멋진 날이 되길…
– 『선물이 툭!』

    선물로 툭! 던져진 하루, 누구나 예외 없이 공평하게 날마다 새로운 하루 24시간을 선물로 받는다. 내 의지대로 마음대로 쓸 수 있는 유일한 시간은 바로 오늘 하루다. 내일도 어제도 통제할 수 없다. 선물로 받은 하루를 어떻게 보낼까? 마음먹기에 따라 행복할 수 있다.

    아침에 일어나면 하루를 생각한다. 무뎌진 흙을 고르고 새싹을 심는 마음으로 정성껏 준비한다. 잠자리 이불을 가지런히 정돈하는 것부터 따뜻한 밥 한술 뜨고 부산하게 출근을 서두르면서도 내 머리 위, 하늘 한번 올려다보는 것도 잊지 않는다. 시시각각 변하는 하늘의 색깔, 구름 모양까지도 새로운 영감을 불러일으킬 때가 있다. 어제 포기하고 싶었던 일을 다시 시작하고픈 작은 용기가 생길 수도 있다. 날마다 태어난 것처럼 365일이 생일이다. 아침에 눈뜰 때 받은 하루라는 선물 꾸러미, 모두에게 오늘은 멋진 날이다.

선물로 드립니다.
모두 멋진 날이 되길…

진짜 내 소원이 뭔지 잘 생각해봐.

/

『진짜 내 소원』

인간은 타인의 욕구를 욕망하는 삶을 산다.
남들이 잘한다고 하니 정말 그것이 내 욕구인 양 착각한다.
심지어 그 욕구에 미치지 못하면 죄를 짓는 것 같다.
부모가 원하는 성적을 얻지 못할 때,
올림픽에 나간 선수가 메달을 따지 못할 때, 죄인이 된다.
그러니 내가 바라는 것은 곧 부모의 욕구이고,
사회가 욕구하던 삶이다.

진정으로 원하는 것이 무엇인지를 알아차리는 사람은
그리 많지 않은 듯하다.
그러니 평생 치열하게 많은 욕구를 성취하고 나서도
행복하기는커녕 허무함을 느끼게 되는 것은 아닐까.

그저 많은 이들이 옳다고 하는 것을 자신의 욕구인 양
뒤집어쓴 채로 살아간다.
그래서 원치 않는 모습의 페르소나를 자기 삶의 무대에
올려놓곤 한다.
그런 생각으로 진정으로 원하는 삶에 대한 고민도 없이
남들이 쫓는 욕구에 갇혀 있지는 않은지
경계해야 할 일이다.

011

정성을 다했으니 됐다.
– 『빈 화분』

  열심히 사는 것은 중요하다. 그러나 '열심히만 하면 뭘 해! 결과가 좋아야지!'라고 채근하며 결과에 방점을 찍는 일이 종종 있다. 결과 중심의 삶에 매몰되는 것이다. 누가 그 일에 얼마나 정성을 쏟았는지는 관심 대상이 아니다.

  나만은 그런 것에 연연하지 않으리라 생각했다. 하지만 결과가 눈에 띄게 나타나지 않으면, 초조해지기 시작한다. '처음부터 인정받으려 했던 일이 아니었잖아!'라고 읊조리지만, 점점 자신감이 없어지며 의미를 부여하지 못한다. 인정받고 싶은 욕구는 힘을 주기도 하지만, 때로는 힘을 빼버리기도 한다.

  그렇다면 결과만 좋으면 되는가? 우리는 가끔 당장의 결과를 위해 과정의 중요성을 놓치곤 한다. 그래서 당장은 좋은 결과인 것처럼 보이지만, 후에 그 가치가 지속적이지 않아 퇴색되는 경우가 많다. 결과에만 치중하지 말고 정성을 다한 과정에도 의미를 부여할 때, 삶의 모든 순간이 다 소중하며 진정한 내 삶의 주인이 될 수 있다.

정성을 다했으니 됐다.

가슴이 뛰고 있어, 가장 멋진 순간이야.
− 「균형」

아이의 어린 시절에 찍어둔 비디오를 혼자 다시 보곤 한다. 가장 자주 보는 영상은 아이가 첫걸음을 떼는 날이다. 처음엔 자꾸 주저앉지만, 기어코 두 발을 떼는 데 성공하고, 네 발, 여섯 발로 걸음 수를 늘려가며 끝없이 도전하는 모습은 아무리 봐도 질리지 않는다. 두 팔을 들면 더 많이 걸을 수 있다는 걸 저절로 터득해간다. 그러다 기어코 출발점에서 어른의 품이 있는 곳까지 걸어오게 되었을 때 아이의 표정은 정말 환하다. 아직 비틀거리는 걸음이지만, 넘어지지 않았다는 만족감이 얼굴 가득한 웃음 속에 그대로 들어있다.

삶은 그렇게 넘어지면서도 한 걸음 더 뗄 때마다 스스로 익힌 균형감만큼 더 멀리, 더 높이 살아가는 과정 같다. 어느 순간에 팔을 들어야 하는지, 어느 순간에 다음 발을 옮겨야 하는지는 매번 넘어질 각오를 하고 실행해보았을 때만 안다. 그걸 아는 순간 가슴이 뛰고, 그 순간이 가장 멋진 순간이 되어 다음 걸음을 내디딜 수 있다.

가슴이 뛰고 있어, 가장 멋진 순간이야.

013

관심이 지나쳐 물이 넘치면 뿌리가 물러지고
마음이 멀어지면 곧 말라 버리지.
- 「적당한 거리」

화분을 싱그럽게 잘 키우는 것은 어렵다. 적당한 햇빛이 드는 곳에 두고, 적당한 물과 거름을 줘야 한다. 식물이 자라면 적당한 시기에 분갈이를 해줘야 한다. 식물의 특징을 잘 알아야 제대로 키울 수 있다. 식물마다 다르다는 것을 알고 그에 맞는 손길을 주어야 하는 것처럼, 사람도 모두 다르다는 것을 인정해야 한다. 관계는 여기에서부터 시작한다.

관계를 유지하기 위해서도 적당한 거리가 필요하다. 인간관계에서 적당한 거리는 어느 정도일까? 화분을 매일 들여다보며 살피듯이 사람에게도 관심을 가져야 한다. 관심을 갖는 만큼 보일 것이다. 서로 다름을 인정하고 이해하는 만큼 서로에게 필요한 거리를 가늠할 수 있게 된다. 지나친 관심은 독이 되고, 무관심은 병이 되거나 관계의 끝을 가져온다. 지나쳐도 안 되고 모자라도 안 된다. 우리 사이를 아름답게 유지할 수 있는 적당한 거리, 딱 그만큼이 필요하다.

관심이 지나쳐 물이 넘치면 뿌리가 물러지고
마음이 멀어지면 곧 말라 버리지.

014

오늘 하루도 욕심내지 말고
딱 너의 숨만큼만 있다 오거라.

− 『엄마는 해녀입니다』

해녀들은 바다를 바다밭이라 부르며 소중히 여긴다. 그래서 바다에서 공기통을 사용하지 않는다. 공기통을 사용하면 바다에 오래 안전하게 머물며 전복, 소라 등을 더 많이 캘 수 있는데도 말이다. 자기 숨만큼만 머물며 바다가 주는 것을 가져오는 게 해녀들만의 약속이다. 약속을 어기고 자칫 무리하게 욕심내다가는 생명을 잃을 위험에 처할 수도 있다.

삶에서 최대한 많은 공기통을 사용해서 더 많은 것을 가지려고 노력해왔다. 이미 많이 가지고 있으면서도 끊임없이 남들과 비교하며 더 가지려 욕심을 냈다. 무리하게 욕심내다가 위험에 처할 수 있음을 알지 못하고 내 숨을 벗어난 채 살아왔다. 그러다 어느 날, 몸과 마음이 지쳐 아무것도 하지 못하는 번아웃 상황을 마주하고서야 지난날을 후회했다. 과거의 실수를 되풀이하지 않기 위해서 오늘 하루도 딱 내 숨만큼만 살아야겠다.

오늘 하루도 욕심내지 말고
딱 너의 숨만큼만 있다 오거라.

015

누군가에게 말을 걸면
나도 혼자 집을 찾아갈 수 있을 것 같아.
- 『안녕, 친구야』

타인에 대한 지나친 배려와 과도한 책임감은 때로 완벽주의 성향으로 오해받을 수 있다. 혼자서는 도저히 해낼 수 없는 일인데도 비난받을까 봐 거절당할까 봐 상처받을까 봐 두려워 끙끙대며 말하지 못하고 혼자 감당하려다 결국 몸과 마음은 지쳐버린다.

어떻게 해야 할지 방법이 떠오르지 않을 때, 어디로 가야 할지 길을 모를 때, 누군가의 도움이 필요할 때, 먼저 다가가 말을 걸고 길을 물어보는 것도 용기이다. 길을 찾는 방법은 다양한 가능성을 열어두고 탐색할 때 보인다. 무엇이든 시도해보지 않고는 모른다. 부딪혀 보지 않으면 알 수 없다. 자기만의 경험과 기존의 상식을 잠깐 내려놓고 마음을 열고 먼저 다가가서 길을 물어보자. 작은 용기를 내어보자. 어쩌면 전혀 생각지도 못한 사람에게 큰 도움을 받을 수도 있다.

누군가에게 말을 걸면
나도 혼자 집을 찾아갈 수 있을 것 같아.

아침에 일어나면, 난 나에게 말하지.
"야, 참 멋지구나."
-『난 내가 좋아』

　살아가면서 자신이 극복해야 할 부정적 환경, 바람직하지 않은 편견, 불편한 심리적 상황 등에 맞닥뜨릴 수 있다. 그렇게 자신이 처한 상황을 냉정하게 평가하며 받아들인다는 것은 매우 어렵고도 두려운 일이다. 그래서 상황을 받아들이기를 거부하며 부정적 방어를 할 가능성도 크다. 하지만 이런 자세로는 상황이 달라지거나 변화될 가능성은 희박하다.

　미국의 행동과학자 BJ 포그 박사는 긍정적인 에너지를 불러오는 '마우이' 습관을 소개한다. 아침에 일어나면 발을 바닥에 대고 "멋진 하루가 될 거야"라고 외치는 것이다.

　습관에는 놀라운 힘이 있다. 아침에 일어나자마자 언제나 '야, 참 멋지구나'라고 자신을 응원하는 말을 매일 하는 것은 일종의 자성예언이라고 할 수 있다. 내가 나를 사랑하는 것, 그것만큼 나를 일으켜 세울 수 있는 강한 힘은 없다. 자신을 사랑하고 스스로 삶의 의미를 찾으며 '나만의 나'를 만들어갈 때 삶은 기대해볼 만한 것이다.

아침에 일어나면, 난 나에게 말하지.
"야, 참 멋지구나."

아름답지만 가시가 있는 장미 같은 말도 있고,
흔하지만 예쁜 토끼풀 같은 말도 있겠지.
— 『말의 형태』

멋진 말인데도 이상하게 듣고 나면 기분이 나빠지는 말이 있다. 반대로 어눌한 말인데도 듣고 나면 마음이 따뜻해지고 기분이 좋아지는 말이 있다. 말하는 이에 따라 달라지기도 하고, 말투나 상황에 따라 그런 기분이 들기도 한다. 의사소통을 할 때 내용적 요소는 7%에 불과하고 태도나 표정, 음성 등의 비언어적인 요소가 93%를 결정한다는 '메라비언 법칙'은 멋진 낱말을 나열한다고 의사소통이 잘되는 건 아니라는 걸 말해준다. 이미 말투와 표정에서 그 말에 담긴 진심과 의도가 드러나게 된다.

분명 화려하고 멋진 수사를 동원한 칭찬의 말인데도 말속에 비아냥이나 질투의 감정이 더 많이 담겨 있어서 서로에게 더 큰 오해와 상처만 남기는 경우를 왕왕 본다. 오히려 수수하고 거친 말속에 진심이 담겨 있으면 말 너머의 마음까지 이어진다. 흔하지만 예쁜 토끼풀 같은 말들이 서로에게 전해져 삶 속에 평화로운 말의 들판이 넓어지면 좋겠다.

아름답지만 가시가 있는 장미 같은 말도 있고, 흔하지만 예쁜 토끼풀 같은 말도 있겠지.

018

함께 가야 더 멀리 갈 수 있어.
같이 가야 끝까지 갈 수 있어.
- 『길 떠나는 너에게』

낯선 세상으로 떠나야 할 때 듣고 싶은 가장 든든한 격려와 희망의 말은 무엇일까? 앞날에 무엇이 기다리고 있을지 알 수 없기에 설레기도 하지만 두려움도 가득할 것이다. 두려움을 극복하는 가장 좋은 방법은 혼자가 아니라는 믿음을 갖는 것이다. 가고자 하는 곳이 어디든 함께 가야 더 멀리 갈 수 있고, 같이 가야 끝까지 갈 수 있다. 혼자라면 이룰 수 없는 것도 함께라면 용기를 낼 수 있다. 혼자라면 포기할 일도 같이 가면 서로 손을 잡고 끝까지 밀어주고 당겨줄 수 있다. 그곳까지 가는 동안 스치고 지나가며 만나는 모든 이들이 친구라는 것을 기억해야 한다. 남들보다 먼저, 더 빨리 가고자 하는 경쟁보다 함께 걷는 발걸음과 맞잡은 두 손이 더 큰 행복으로 이끌 것이다.

때로는 실패와 좌절도 있겠지만, 그럴수록 나와 함께 살아가는 사람들이 있다는 것을 기억해야 한다. 고난과 시련도 함께라면 더욱 쉽고 빠르게 극복할 수 있을 것이다. 나는 혼자가 아니다.

함께 가야 더 멀리 갈 수 있어.
같이 가야 끝까지 갈 수 있어.

그래, 너도 씨앗이야. 꽃을 품은 씨앗.
너는 어떤 꽃을 피울래?
- 『너는 어떤 씨앗이니?』

 씨앗은 꽃이 되기까지 긴 기다림을 견딘다. 뜨거운 태양이 내리쬠을 온몸으로 맞고 모든 것을 날려버릴 기세로 몰아치는 비바람을 견디며, 한겨울에는 얼음장같이 차가운 땅속에서 꽃을 피우기 위해 수많은 고통을 견딘다. 힘든 시간을 참고 견디어 씨앗은 아름다운 한 송이 꽃을 피운다. 그렇게 피어난 꽃들은 사람들에게 사랑을 전해주기도 하고, 아이들의 머리를 예쁘게 꾸며주기도 하면서 자신의 존재 가치를 다한다.
 아이들은 한 송이 꽃처럼 아름다운 존재다. 가슴에 씨앗을 품고 있는 무한한 가능성을 지닌 존재다. 그러나 아이들은 종종 자신들이 씨앗을 품고 있음을 모르고 자존감을 상실한 채로 위축된 삶을 살아가곤 한다. 아이들이 아름다운 꽃을 피우고 자신의 존재 가치를 다할 수 있도록 곁에서 도와줄 수 있는 그런 교사가 되고 싶다.

그래, 너도 씨앗이야. 꽃을 품은 씨앗.
너는 어떤 꽃을 피울래?

이번엔 정말이다. 이까짓 거!
– 『이까짓 거!』

   살다 보면 삶의 희망을 송두리째 빼앗아 가는 일부터 자질구레한 일까지 이런저런 일들이 파도처럼 밀려온다. 한고비 넘으면 또 한고비, 삶의 파도는 계속 들이쳐온다. 그럴 때 '이까짓 거!'라고 말하며 털어버린다. 혼자 고민하고 속 끓이고 마음 상하고 발버둥 쳐봤자 어차피 해결될 일이 아니라면, 그냥 흘려보낸다. '이까짓 거!' 하면서…. 그래야만 다음에 올 파도를 맞을 수 있다. 그래야 한발 더 나아갈 수 있다.

   공동체 안에서 어쩔 수 없이 넘어오는 크고 작은 일들, 가정을 지키기 위해 해야 할 일 또한 산더미다. 그럴 땐 오히려 단순하게 생각한다. 해야 할 일의 목록을 하나하나 적어내려간다. 그리고 하나씩 해결한다. 쏟아지는 빗속을 뛰어가다 보면 어느새 장대비도 그치고 더위도 지나고 선선한 바람도 불어온다. '이까짓 거!'라고 외치는 것은 삶의 맷집을 만드는 비결이다.

이번엔 정말이다. 이까짓 거!

난 이기고 싶지 않아.
왜냐하면 누군가는 꼭 져야 하니까
– 『3초 다이빙』

세상은 내키지 않는 일을 끊임없이 강요한다. 경쟁에 길들어 실익도 없는 싸움에도 '일단 이기고 보자!'고, 필사적으로 덤벼들고 본다. 누군가를 이겨야 하는 것이 숙명인 세상에서 그 의미도 모른 채 모두 허우적거리며 살아낸다.

물론, 그럴 마음이 전혀 없는 이들도 있다. 이들에겐 너 나 할 것 없이 똑같은 인간으로 거기서 거기 별다를 것이 없는 존재이다. 다만, 서로 다른 가치를 추구하기에 다른 모습으로 살아갈 뿐이다.

경쟁이 필요한 상황이더라도 서로 대적할 만한 상대라는 사실을 감안한다면 이긴 자나 진 자나 종이 한 장 차이이다. 또 좀 지면 어떤가. 애당초 꼭 이기겠다고 마음먹지 않으면 세상살이 떨리고 쫄릴 것도 없다. 그냥 제 기량만큼 즐기면 된다. '이기지 않아도 돼, 네가 즐거우면 돼.' 경쟁에서 이기는 것만이 살길이라는 요즘 세상에 귀 기울여볼 말이다.

난 이기고 싶지 않아.
왜냐하면 누군가는 꼭 져야 하니까

눈을 감고 귀를 기울여야 만날 수 있는 세계도 있어.
― 『라고 말했다』

화면을 보는 시간이 너무 많아지고 있다. 인터넷으로 뉴스를 보고, SNS로 안부를 확인하고 전하며, 유튜브를 통해 새로운 지식을 배운다. 점점 더 많아지는 OTT 서비스는 이미 너무 많이 보는 삶에 가속을 붙이고 있다.

그렇게 각종 기기의 화면을 보는 시간이 길어지는 동안 온전히 듣기만 하는 시간은 확연히 줄었다. 눈을 감고 오롯이 소리에만 집중해본 시간이 언제였나 싶다. 음질이 좋은 스피커를 통해 나오는 음악을 듣기 위해 음악감상실을 찾아가는 건 최고의 호사처럼 되어버렸다. 디지털 음원으로 얼마든지 음악을 들을 수 있는 요즘에 아직 LP판으로 음악을 듣는 사람들이 있어 턴테이블과 LP판이 계속 생산된다는 소식을 들으면 신기할 정도다.

눈으로 보는 세계보다 소리로 듣는 세계가 더 넓고 깊다. 인간은 엄청난 크기의 전파망원경을 통해 우주의 신비를 하나씩 밝혀내고 있다. 좀 더 자주 화면을 끄고 귀를 열어야겠다. 나와 너라는 우주의 소리를 듣기 위해서라도.

눈을 감고 귀를 기울여야 만날 수 있는
세계도 있어.

하루하루는 다 다르지만 하나같이 아름답더라.
– 『우리의 모든 날들』

아침에 눈을 뜨면 창문 가득 플라타너스가 하늘거리고, 희끄무레한 구름이 태양을 위해 길을 트고 있다. 늘 똑같은 풍경이기에 지겨울 수도 있지만, 이 똑같은 풍경을 볼 수 있다는 것은 삶이 평화롭다는 뜻이다. 늘 평화롭기에 눈을 떠서 바라보는 매일 아침 풍경이 아름다운 것이다.

매일 보는 풍경도 사실은 조금씩 달라진다. 계절마다, 날씨마다 제각각의 모습으로 아름답기도 하고, 때로는 블라인드를 내리고 싶은 모습일 때도 있다. 누구와 함께 하느냐에 따라 분홍빛, 하늘빛, 잿빛으로 보이기도 한다. 어떤 빛깔이든 감사한 마음으로 바라보면 하나같이 아름답다.

아침 산책길에 내가 살고 있는 곳을 둘러본다. 빌딩이 줄지어 있는 도심 속 저마다 바쁘게 걸어가는 사람들이 있다. 나무들은 푸르고, 들꽃과 나비들이 자유롭게 바람을 탄다. 살아있기에 아름다운 날들이다.

하루하루는 다 다르지만
하나같이 아름답더라.

024

나 언젠가는 꼭 홈런을 칠 거야.
하지만 그 전에 안타부터 쳐야겠지.
― 『홈런을 한 번도 쳐 보지 못한 너에게』

야구 경기에서 홈런은 특별하다. 다른 선수의 도움 없이 오직 자기 힘으로 점수를 낼 수 있기 때문이다. 그래서 시원하게 휘두른 배트에 맞은 공이 관중석으로 향할 때면 관객들의 엄청난 환호가 생긴다. 홈런을 치기 위해서는 꾸준한 연습이 필수다. 내야 안타, 2루타, 3루타 단계를 밟아야 한다. 그렇게 홈런을 쳐야 특별함을 맛볼 수 있다.

하지만 홈런만을 노리고 몸에 힘을 주면 변화구에 대처하기가 어려워 삼진을 많이 당한다. 홈런을 치기보다 삼진을 당하지 않고 안타로 득점 기회를 만들 수 있도록 오늘부터 배트를 움켜쥐고 스윙 연습을 해야겠다.

삶에서 늘 홈런을 바랄 수는 없다. 내야 안타도 치기 전에 홈런을 바라는 것은 지나친 욕심이다. 홈런을 치지 못하더라도 괜찮다. 안타 2~3개가 합쳐지면 득점을 할 수 있다. 안타로 얻었든 홈런으로 얻었든 모두 같은 1점이다.

나 언젠가는 꼭 홈런을 칠 거야.
하지만 그 전에 안타부터 쳐야겠지.

얻을 때가 있으면 잃을 때가 있고
잡을 때가 있으면 놓아 줄 때가 있다.
- 『무슨 일이든 다 때가 있다』

인생은 모순이고 아이러니다. 수수께끼 같다. 아무리 기를 쓰고 노력해도 인간의 힘으로는 어찌할 수 없는 일이 있기도 하고, 애초 기대하지 않았는데 갑자기 기적처럼 놀라운 선물을 받는 일이 생기기도 한다.

노력하면 할 수 있다고 스스로 채찍질하며 끝까지 달려가다 보면 내가 원하는 것을 얻을 때가 있다. 그러나 쌓아온 모든 것을 허무하게 잃을 때도 있다. 결코 놓고 싶지 않은 인연, 의도하지 않은 이별, 아끼고 모으고 성취했던 것들이 물거품처럼 한순간에 사라지기도 한다.

귀한 인연과 만남, 기회를 잡을 때가 있다. 그러나 이 또한 놓아 주어야 할 때도 있다. 내 것인 양 집착할수록 놓아 주기가 훨씬 어려워진다. 그러나 내려놓으면 보인다. 내려놓음의 빈 공간에 또 다른 만남과 인연, 기회의 문이 열려 있다. 자신이 원하는 대로만 인생이 흘러가지 않는다는 것을, 세상일에는 모두 때가 있다는 것을 아는 지혜가 필요하다.

얻을 때가 있으면 잃을 때가 있고
잡을 때가 있으면 놓아 줄 때가 있다.

026

울어도 좋아. 슬플 테니까. 그래도 너무 울지 말아라.
내가 좋아하는 너는 웃고 있는 너란다.

– 『너무 울지 말아라』

세상 모든 생명체가 나고 죽는 것이 자연의 이치일진대, 왜 죽음은 쉽게 받아들여지지 않는 걸까? 사람들은 지금은 잊으려 해도 잊히지 않겠지만, 세월이 가면 저절로 잊힌다고 그것이 자연스러운 거라고, 산 사람은 그렇게 살아진다고 말한다. 그렇지, 죽지 않으면 살아지는 거니까. 그리고 잊혀도 지겠지. 시간이 필요하다.

특히 아직 떠나보낼 준비가 되지 않은 사람을 보내야 할 때는 더더욱 그렇다. 함께했던 추억이 떠오르기라도 하면, 그 사람이 없다는 허함으로 가슴이 시려지며 그리워진다. 그렇게 가슴이 절절해질 때 또다시 눈물이 핑 돌아든다.

눈물이 나거든 울어야 한다. 가끔은 목놓아 울어 토해내야 한다. 한바탕 울고 나면 기분이 한결 좋아질 수 있다. 그래야 또다시 살아갈 힘을 얻을 수 있다.

울어도 좋아. 슬플 테니까.
그래도 너무 울지 말아라.
내가 좋아하는 너는 웃고 있는 너란다.

027

**멀고도 가까운, 미워하며 사랑하는
끊어지지 않는, 가련한, 어여쁜 그런 사이가 있어요.**
— 『다정해서 다정한 다정 씨』

'인간'이라는 한자를 가만히 들여다본다. 사람 '인'에 사이 '간'. 인간을 사람 사이라고 정의한 게 새삼 놀랍다. 누군가와 관계를 맺을 때 비로소 인간이 된다는 의미다.

관계만큼 어려운 게 있을까? 사랑하는 사람들은 밀당을 하고, 정치적 관계에서는 온갖 권모술수를 앞세운다. 이런 밀당도, 계산도 없이 지낼 수 있는 존재가 있으면 좋겠다고 생각하지만, 어떨 땐 그 밀당과 계산의 대상이 자신일 때도 있다.

미워하면서도 사랑하고, 가련하고도 어여쁜 사이는 누가 있을까? 사람마다 조금씩 차이는 있겠지만, 제일 먼저 떠오르는 건 부모와 자식 사이다. 다시는 안 볼 듯 싸우다가도 저녁에 들어오면 함께 밥을 먹는 존재, 저걸 내 뱃속으로 나왔나 싶다가도 세상에 유일한 내 편 같기도 한 그런 존재. 누군가의 자식이자 누군가의 부모로서 살아가다 보니 양쪽 다 쉽지 않다. 갈수록 그 인연의 끈이 애틋하고 질기다는 것만 알겠다.

멀고도 가까운, 미워하며 사랑하는
끊어지지 않는, 가련한,
어여쁜 그런 사이가 있어요.

다친 마음은 나을 수 있고, 닫힌 마음도 언젠가 다시 열 수 있어요.
– 『내 마음은』

마음은 눈에 보이지 않고 만질 수도 없다. 분명한 것은, 나는 마음을 갖고 있고, 평생 마음에 의지하여 살아간다는 사실이다. 때로는 모진 말과 행동으로 마음에 금이 가거나 깨질 때도 있지만, 시간이 흐르면 나을 수 있다.

때로는 상처 입은 마음의 문을 꼭꼭 닫아걸기도 한다. 너무 아프고 힘들어 누구도 들어올 수 없도록 자물쇠를 채우고 어둠에 잠기기도 한다. 그런 마음은 어떻게 해야 할까? 한동안은 어둠 속에서 상처를 돌보고 평온을 되찾을 시간이 필요할 것이다. 세상에는 차가운 어둠만 존재하는 것이 아니라 따뜻한 햇살도 내리쬔다는 것을 알아야 한다. 닫힌 마음의 문을 열고 나오는 것은 결국 자신에게 달려 있다. 작고 여린 마음의 싹도 어둠의 문을 열고 나와 튼튼한 나무로 자라고 사랑을 나누며 살아갈 날이 반드시 올 것이다.

다친 마음은 나을 수 있고,
닫힌 마음도 언젠가 다시 열 수 있어요.

수많은 질문은 어디로 사라질까?
– 『질문의 그림책』

아이들은 어렸을 때 질문을 많이 한다. "이건 뭐예요?" "저건 뭐예요?" "이건 왜 이렇게 되는 거예요?" 질문이 끊임없이 이어진다. 아이들이 질문하는 이유는 모르는 것을 알고 싶거나 자신이 살아가고 있는 세상을 더 잘 알고 싶기 때문이다. 아이들이 세상을 알고 싶다는 건 지금보다 더 나은 삶을 살고 싶다는 의미일 것이다. 자기 삶을 소중히 여기고 의미 있는 삶을 살고 싶어서 끊임없이 질문하는 것은 아닐까?

사람들 대부분은 나이가 들면서 질문을 잃어간다. 이미 알고 있어서, 알고 있다고 착각해서, 더 알고 싶지 않아서 등의 이유로 말이다. 질문을 잃어가면서 삶의 생기도 점차 잃어간다. 삶에서 질문이 사라진 지금, 세상에 대한 호기심으로 질문이 가득했던 어린 시절의 나를 잠시 만나려 한다. 다시 질문 가득 생기 넘치는 삶을 살아갈 방법을 어린 시절의 나는 알고 있지 않을까?

수많은 질문은 어디로 사라질까?

즐거움 뒤에는 언제나 슬픔도 있는 법이란다.
- 『강철 이빨』

모든 에너지를 쏟아부으며 이룬 업적은 다른 사람들의 인정과 박수갈채를 받는다. 그러나 화려했던 젊은 날 인생의 잔치를 끝내고 잔칫상을 치우다 보면 과도하게 쏟은 열정, 육체적 소모, 소중한 시간이 반대급부로 고스란히 바쳐진 것임을 뒤늦게 깨닫는다.

삶은 언제나 양면적이다. 오로지 기쁨만 충만하거나, 극한의 고통이 따르는 슬픔만 남는 일은 별로 없다. 즐거운 잔치 뒤에는 안타까운 슬픔이 따라오고, 격렬한 분노 뒤에 잔잔한 평안함이 찾아온다. 그러니 즐겁다고 너무 기뻐하거나 슬프다고 너무 애통해하지 말자. 그 삶의 유한성 때문에 지금 살아있음이 더 소중하다. 하루하루 일상에서 벌어지는 여러 사건 가운데 일희일비하지 않는 균형감각이 시간이 갈수록 더 절실해진다.

즐거움 뒤에는 언제나
슬픔도 있는 법이란다.

당신에겐 기다란 노가 있잖소!

/

『노를 든 신부』

학기 초에 '나의 장점 100가지'를 과제로 내곤 한다.
보통 30가지까지는 잘 쓰지만, 그다음부터는 막막해한다.
그럼 주변 사람들에게 물어서 써보라고 한다.
그러면 자신은 별로 중요하게 생각하지 않았거나
알지 못했던 많은 장점을 다른 사람들이 알려준다.
과제를 마치고 나서 소감을 물어보면 자기에게 이렇게 많은
장점이 있는지 몰랐다며 놀라워하고 자랑스러워한다.

내가 가지고 있는 장점을 얼마나 활용하며 살아가고 있을까?
늘 부족한 부분만 쳐다보느라 내가 가지고 있는 것을
여러 가지 방법으로 사용해볼 생각도 못 해보고 사는 건 아닐까?
노가 하나뿐이라서 배를 저을 수는 없었지만 다른 방법으로
잘 활용해 새로운 삶의 기회를 가진 신부처럼,
우리도 이미 가지고 있는 것을 새롭게 활용해
다른 삶을 살아갈 수 있지 않을까?
하나밖에 없어 들고 있는 것도 잊은 노 같은 나의 장점이
무엇인지부터 찾아봐야겠다.

031

남의 깃털을 빌려서 날 수는 없어.
- 『하늘을 날고 싶은 아기 새에게』

날개를 가지고 태어난 새도 처음부터 하늘을 날 수는 없다. 창공을 가르려면 수없이 많은 추락을 감내해야 한다. 몇 번의 시도로 성공하지 못함을 능력 부족이라고 한계를 짓는 순간, 더 이상의 도전은 없다. 그렇게 자신에 대한 확신이 없을 때, 남의 것이 마냥 부러워진다.

살면서 남의 깃털로라도 날고 싶은 때가 있다. 잘하고 싶은 마음만큼 성과를 얻지 못할 때, 부족함을 남들에게 내보일 용기가 없을 때, 위장하고픈 유혹을 느낀다. 하지만 그 위장은 언젠가 추락으로 이어져 더 큰 패배감을 준다. 그리될 줄 알면서도 유혹을 이겨내는 일은 쉽지 않다.

남의 것을 부러워하며 부족하다고 느끼는 순간, 역량은 제대로 발휘되지 않는다. 자신에 대한 믿음이 중요하다. 스스로 자신을 믿지 않는다면, 누가 믿어주겠는가 말이다. 자신에 대한 믿음 그것이 세상을 날아오를 수 있는 가장 큰 동력이다.

남의 깃털을 빌려서 날 수는 없어.

이 모든 길들이
너를 새로운 곳으로 데려다줄 거야.
− 「두 갈래 길」

   사람은 하루에 150번 정도의 선택을 한다고 한다. 하루 150번 선택을 살아온 날 수와 곱해보면, 정말 많은 선택 앞에서 어느 한쪽을 결정하며 살아온 거다. 그중에서 인생 전체를 뒤흔들 선택 상황은 얼마나 될까? 선택을 할 때 그 결과가 내 삶에 어떤 영향을 끼칠지 알고 선택한 건 또 얼마나 될까? 그냥 잠시 만나보려 한 사람이 지금 배우자가 되어 있을 수도 있고, 남들 가니까 성적만 맞춰 간 대학이 내 삶의 많은 부분을 차지하는 직업과 연결되어 있을 수도 있다.

   다시 돌아간다면 바꾸고 싶은 선택이 있을까? 그때 다르게 선택했다면 내 삶이 더 나아졌을까? 다시 그 갈림길에 서더라도 자신 있게 어느 한쪽을 택하기는 어려울 거 같다. 못 가본 길 쪽만 기웃대다 시간을 보내지 말고 내가 선택하거나 혹은 내게 주어지는 모든 길이 나를 새로운 곳으로 데려다주기 위해 준비된 길이라 생각하며 발밤발밤 걸어야겠다.

이 모든 길들이
너를 새로운 곳으로 데려다줄 거야.

마음이 작아진 게 아니니까.
네 마음자리가 커진 거야.

– 『마음 여행』

바쁘게 살다 보면 마음을 잃어버릴 때가 있다. 그럴 때면 갖고 싶은 것도, 하고 싶은 것도, 되고 싶은 것도 없어진다. 마음을 잃어버렸기 때문에 공허와 고독만 가득하다. 그런 채로는 오래 살 수 없어서 마음을 되찾고 싶어 한다. 쉽지는 않겠지만 한 조각, 두 조각 찾다 보면 어느새 잃어버린 마음을 찾을 수 있을 것이다. 혹시 다시 찾은 마음이 작거나 보잘것없더라도 실망하지 않아도 된다. 마음을 찾기 위해 애쓰는 동안 마음이 있어야 할 자리도 훌쩍 커졌기 때문이다. 자리를 찾지 못했던 마음도 제자리를 찾으면 금방 다시 자랄 것이다.

한 번 마음을 잃어버렸다고 실망하거나 주저앉지 않으면 좋겠다. 살아가는 동안 종종 마음을 잃어버릴 수도 있겠지만, 그 마음을 되찾기 위해 노력하는 동안 희망의 마음도 싹틀 테니까.

마음이 작아진 게 아니니까.
네 마음자리가 커진 거야.

누가 뭐래도 역시 토끼는 달려야 한다니까!
– 『슈퍼 토끼』

많은 이들이 행복하고 의미 있는 삶을 살고 싶다면 나답게 살라고 한다. 나답게 사는 것이 중요하다는 것을 알지만, 나답게 사는 게 쉽지 않다. 우선 나답게 살기 위해서는 내가 누구인지 알아야 한다. 내가 바라보는 나, 내가 꿈꾸는 나, 타인이 바라보는 나, 타인이 기대하는 나, 나와 타인 모두 인식하지 못하는 무의식의 나까지… 정말로 다양한 내가 존재하기 때문이다.

그리고 나답게 살려면 주변의 기대와 시선에 흔들리지 않고 중심을 잡아야 한다. 우연히 달리기 경주에서 승리한 후 주변의 시선과 기대에 부응하기 위해 억지로 빨라지려고 한 거북이 꾸물이, 경주에서 패배하고 아무도 자기편이 아니라고 느껴 달리는 삶을 포기했던 토끼 재빨라처럼 살아서는 행복할 수 없다. 숨이 턱에 닿도록 달리면서 행복을 느끼는 재빨라와 같이 누가 뭐래도 역시 토끼는 달려야 한다. 누가 뭐래도 난 나답게 살아야겠다.

누가 뭐래도 역시
토끼는 달려야 한다니까!

~~~~~~
~~~~~~
~~~~~~
~~~~~~
~~~~~~
~~~~~~

비 맞을까 두려워 너의 길을 멈추지 마.
너에겐 커다란 우산이 있잖니.
- 「엄마의 선물」

 아이를 키우다 보면 내 아이만큼은 안정된 길, 평탄한 길만 가기를 바란다. 부모의 마음은 이기적이다. 그러나 부모가 바라는 길은 안전한 듯 보이나 안전하지 않다. 그 길은 배움도 성장도 가져다주지 않는다는 것을 알게 되었다.
 사랑하는 사람일수록 잘되길 바란다면, 비도 맞고 강한 바람에 넘어지기도 하고 실패도 할 수 있지만 도전해보라고 응원해주자. 지켜보기 힘들더라도, 진전이 없는 것처럼 더디 가고 느리더라도 가보는 거라고 말해주자. 언제든 돌아와 쉴 수 있는 곳이 있다는 것만 안다면, 아이들은 안심하고 자기 길을 멈추지 않고 갈 수 있다. 혹 실패하고 돌아오더라도 쉴 수 있는 울타리가 있다는 것을 보여주면 된다. 아무것도 하지 않고 그 자리에 가만히 웅크리고 있는 것보다는 비를 흠뻑 맞더라도 가던 길을 멈추지 말라고 격려하는 것, 그것이 아이에게 줄 수 있는 최고의 선물이다.

비 맞을까 두려워 너의 길을 멈추지 마.
너에겐 커다란 우산이 있잖니.

날다가 힘들어 쉬고 싶을 때
언제든 돌아오렴.
엄마가 꼭 안아줄게.
-『우리는 언제나 다시 만나』

엄마들은 아기와 까꿍 놀이를 한다. '엄마 없다' 하며 얼굴을 가리면 아기는 당황하고 불안해하지만, '까꿍!' 하고 다시 나타나면 까르르 웃으며 금세 환한 얼굴이 된다. 엄마는 언제나 평화로운 안식처다.

하지만 아이도 성장하면서 엄마와 모든 걸 함께할 수 없다는 걸 알게 된다. 때로 불안한 엄마의 마음은 눈앞에 붙잡아두고, 울타리에 가두어 모든 걸 다 가져다 안겨주고 싶지만, 스스로 충분히 날 수 있는 아이의 날개를 꺾는 꼴이 될지도 모른다.

바로 그때가 되면 등 떠밀어서라도 세상 밖으로 내어놓아야 한다. 그저 엄마는 세상의 모든 것과 맞설 수 있도록 용기를 북돋워주는 든든한 응원자의 역할로 충분하다. 그 후론 지치고 고단해 쉬고 싶을 때 말없이 맞아들일 수 있는 둥지 같은 역할 정도면 된다. 힘든 삶의 여정에 잠시 쉬어갈 수 있는 곳, 바로 그런 곳이 있다는 믿음은 그 어떤 뒷배경보다 든든하다. 그게 엄마라는 존재이다.

날다가 힘들어 쉬고 싶을 때
언제든 돌아오렴.
엄마가 꼭 안아줄게.

그렇게, 일은 일어나는 거란다.
- 『때문에』

    하나의 대형 사고가 일어나기까지 29개의 작은 사고와 300개의 사고 징후가 있었다는 것을 하인리히의 법칙이라고 한다. 이걸 바꿔 생각하면, 아주 큰 성공도 300개의 사소한 좋은 징후와 29개의 좀 더 의미 있는 인연이나 노력의 결과로 이어진 것으로 볼 수 있다. 말하자면 '역하인리히 법칙'인 셈이다.

    지금의 나를 만든 건 정말 사소한 많은 징후가 모여서 이루어진 거다. 부모님의 만남부터 내가 만난 많은 인연과 사건 때문에 지금의 내가 있다. '~ 때문에'를 넣어 지금의 나를 설명해보려 하니 수많은 사람과 일이 떠오른다. 퍼즐처럼 그중 하나만 빠졌어도 지금의 나는 없을 수도 있겠지. 모든 일은 그 모든 과정을 거쳐 다가온 것임을, 피하려 해도 일어날 일은 반드시 일어난다는 걸 점점 더 알겠다. 그렇다면 미리부터 좋은 씨앗을 많이 심어놓고 그것이 좋은 인연으로 자라 좋은 결과로 이어지도록 살아가야겠지. 그렇게, 일은 일어나는 거니까.

그렇게, 일은 일어나는 거란다.

038

내 안에서, 결정하는 건 나다.
– 『내 안에 내가 있다』

내 안에 얼마나 많은 내가 살고 있을까? 한때는 참 단순하게 살았는데, 삶이 복잡해지면서 나조차도 모르는 내 모습이 불쑥 나타날 때가 있다. 때로는 가면을 쓰고 살아가고 있음을 느낄 때도 있다. 마음은 그렇지 않은데 상냥하게 웃으며 친절한 가면을 쓰기도 하고, 나도 몰랐던 폭력성이 튀어나와 험한 말을 내뱉기도 한다. 내가 어떤 사람인지 아직도 잘 모르겠다. 아마 평생 나 자신을 규정 짓지 못하고 죽을 수도 있다. 분명한 것은, 지금 내가 살고 있는 이 삶을 선택한 것은 바로 나 자신이라는 사실이다.

선택은 나의 몫이었다. 삶의 굴곡마다 내 안에서 결정을 내린 것은 바로 나 자신이라고 확신할 수 있다. 그 어떤 고난과 시련 앞에서도 포기하지 않고 살아왔다. 고난과 시련을 이겨낼 때마다 내 안에서 꽃이 피고 열매가 맺혔다. 선택의 기로에서 어떤 결정을 내릴 것인가? 그 결정을 내리는 것이 바로 진정한 나다.

내 안에서, 결정하는 건 나다.

039

코로 두 번 흡흡 들이마시고,
입으로 후우 길게 내쉬기.
나만의 속도 지키기.
끝까지 달릴 수 있는 두 가지 방법이야.
-『숨이 차오를 때까지』

가슴이 답답할 때면 밖으로 나가 달리곤 한다. 힘껏 두 다리를 내디디면서 달리다 보면, 볼을 스치는 시원한 바람과 가슴을 가득 채우는 신선한 공기에 절로 기분이 좋아진다. 그런데 기쁨도 잠시, 금세 숨이 턱까지 차올라 달리기를 멈추곤 한다.

오래 달리기 위해서는 호흡이 중요하다. 흡흡 후우, 흡흡 후우. 호흡에 집중하며 달리면 다른 생각들이 없어지고 힘듦이 줄어든다. 그리고 오래 달리려면 자신만의 속도를 지켜야 한다. 혼자 달릴 때는 속도를 유지하다가도 다른 이들과 함께 달릴 때는 자신도 모르게 오버페이스를 하는 경우가 많다.

삶은 오래달리기이다. 남들 속도에 맞춰 살아가다가는 오래 달리지 못한다. 남들 눈치 보지 말고 묵묵하게 자신의 호흡에 집중하며 세상을 살아가야 한다. 늘 나 자신에게 묻는다. 지금 나만의 속도로 달리고 있는지? 잠시 눈을 감고 호흡을 느껴보자. 흡흡 후우, 흡흡 후우.

내 안에서, 결정하는 건 나다.

039

코로 두 번 습습 들이마시고,
입으로 후우 길게 내쉬기.
나만의 속도 지키기.
끝까지 달릴 수 있는 두 가지 방법이야.
-『숨이 차오를 때까지』

  가슴이 답답할 때면 밖으로 나가 달리곤 한다. 힘껏 두 다리를 내디디면서 달리다 보면, 볼을 스치는 시원한 바람과 가슴을 가득 채우는 신선한 공기에 절로 기분이 좋아진다. 그런데 기쁨도 잠시, 금세 숨이 턱까지 차올라 달리기를 멈추곤 한다.

  오래 달리기 위해서는 호흡이 중요하다. 습습 후우, 습습 후우. 호흡에 집중하며 달리면 다른 생각들이 없어지고 힘듦이 줄어든다. 그리고 오래 달리려면 자신만의 속도를 지켜야 한다. 혼자 달릴 때는 속도를 유지하다가도 다른 이들과 함께 달릴 때는 자신도 모르게 오버페이스를 하는 경우가 많다.

  삶은 오래달리기이다. 남들 속도에 맞춰 살아가다가는 오래 달리지 못한다. 남들 눈치 보지 말고 묵묵하게 자신의 호흡에 집중하며 세상을 살아가야 한다. 늘 나 자신에게 묻는다. 지금 나만의 속도로 달리고 있는지? 잠시 눈을 감고 호흡을 느껴보자. 습습 후우, 습습 후우.

코로 두 번 숩숩 들이마시고.
입으로 후우 길게 내쉬기.
나만의 속도 지키기.
끝까지 달릴 수 있는 두 가지 방법이야.

040

일에 대해서는 거짓말을 해서는 안되는 거란다.
- 「하루」

    거짓말은 대개 한 번의 거짓말로 끝나지 않는다. 그 말이 거짓임이 들통나지 않게 하려고 어쩔 수 없이 다음 거짓말을 또 하게 된다. 영원히 감출 수 있는 거짓말은 없기 때문이다. 특히 사람이 애쓰고 수고해야 하는 일에 대해 거짓말을 한 경우라면, 그 일이 성사되는 과정에서나 일이 끝나는 종국에서나 어떤 모양으로든 거짓은 드러난다.

    거짓말은 그 사람에 대해 신뢰를 잃게 한다. 믿음을 주지 못한다. 사람들은 작은 것에도 성실하고 진실 되게 일하는 사람을 믿고 신뢰하며 크고 중요한 일도 맡기는 법이다. 인생에서 정말 중요한 것은 진실함이라는 것을 말로, 행동으로, 자기 삶으로 보여주는 사람은 어디에서도 인정받는다. 철없던 어린 시절 장난삼아 했던 거짓말이 여든까지 가는 버릇이 되지 않도록 조심해야 하는 것이 이런 이유 때문이다.

일에 대해서는 거짓말을 해서는
안되는 거란다.

어떤 마음을 먹느냐에 따라
세상 사는 맛이 달라진대요.
오늘은 어떤 마음을 먹었나요?

두 사람이 함께 사는 것은
함께여서 더 쉽고
함께여서 더 어렵습니다.
- 「두 사람」

둘이 함께하는 삶의 시작은 언제나 희망차다. 마주 잡은 손과 착착 맞는 발걸음은 이제 그 어떤 어려움이 닥쳐와도 걱정 없을 것 같다.

하지만 곧 어려움에 맞닥뜨리게 된다. 둘이 되고 나니 혼자이던 때보다 힘들 때가 만만치 않게 많다. 각자 살아온 삶의 습관은 밀착된 시공간 속에서 상대방과 어긋나기 시작한다. 내 습관이니 내게 편하고, 날 사랑하는 사람이니 당연히 딱딱 맞춰주리라는 기대감이 무너지며, 서로 다른 습관으로 삐거덕거리기 시작한다.

이 세상 가장 되기 쉬운 사람은 바로 '나 자신'이고, 가장 되기 힘든 사람은 '남이 바라는 나'라고 한다. 함께하는 삶을 시작하면서 사랑한다는 이유로 서로에게 그 되기 힘든 사람, 즉 '내가 바라는 너'를 원했던 것이다. 그런 기대는 상대를 속박하고 억누르니 그 사랑이 오래갈 리 만무하다. 오래 함께하려면 따로따로인 모습도 존중하며 공존할 수 있어야 한다.

두 사람이 함께 사는 것은
함께여서 더 쉽고
함께여서 더 어렵습니다.

042

내가 해야 할 일이 한 가지 더 남아 있어.
난 세상을 더 아름답게 할 무슨 일인가를 해야 해.
- 『미스 럼피우스』

'돈쭐'이라는 말이 있다. 다른 사람에게 자기 것을 아낌없이 베푼 사람의 이야기가 인터넷에 공유되자 사람들이 그 사람에게 '혼쭐'을 재미있게 바꾼 '돈쭐'로 감동의 마음을 표현하는 방법이다. 코로나바이러스로 더 팍팍해진 상황에도 돈쭐 관련 소식이 심심찮게 들려오는 것을 보면 아직 세상은 누군가의 선한 의지로 인해 돌아가고 있음을 느낄 수 있어 마음이 훈훈해진다.

세상에 태어나 내 잇속만 차리다 떠나면 얼마나 허무할까? 나 혼자 뭘 할 수 있겠냐 싶지만, 세상을 변화시키는 출발점이 한 사람의 실천에서 시작된 경우가 무척 많다. 미스 럼피우스는 인생의 세 번째 숙제인 아름다운 세상 만들기 방법을 고민하다가 미친 할머니 소리를 들어가면서도 루핀꽃 씨앗을 온 동네에 뿌려 세상을 꽃으로 환하게 만들었다. 나는 세상을 위해 어떤 일을 할 수 있을까? 삶을 마칠 때 이 숙제를 잘 마무리했다고 나 자신에게 미소 지을 수 있기를 바란다.

내가 해야 할 일이 한 가지 더 남아 있어.
난 세상을 더 아름답게 할 무슨 일인가를
해야 해.

이 한마디가 왜 그리 어려웠을까요.
사랑합니다.
- 『사랑하는 당신』

  사랑하는 이에게 가장 듣고 싶은 말은 무엇일까? 사랑합니다. 사랑해요. 사랑해. 아무리 들어도 질리지 않고, 들어도 들어도 듣고 싶은 말이다. 사랑은 인간이 추구하는 행복의 한가운데 아주 크게 자리하고 있다. 그렇기 때문에 사랑한다는 말을 아끼지 말아야 한다. 사랑하지 않아서 말할 수 없는 게 아니라면 온몸과 마음으로 표현하고 전해야 한다. 후회하기 전에, 너무 늦지 않게.

  진정 사랑한다면 굳이 말하지 않아도 알 수 있겠지만, 그럼에도 불구하고 표현해야 하는 이유는 분명하다. 사랑한다고 말하면서 다시 한번 눈맞춤을 하고 확인할 수 있을 것이다. 확인은 확신을 주고, 확신이 있는 사랑은 흔들리지 않는다. 흔들림 없이 오래오래, 아낌없이 사랑하기를. 그 사랑이 쌓이고 쌓여 남은 날도 사랑할 수 있을 것이다.

이 한마디가 왜 그리 어려웠을까요.
사랑합니다.

내가 내려가면 네가 올라가.
네가 내려가면 내가 올라가지.
다양한 풍경도 볼 수 있어.

- 「시소」

시소는 혼자서 탈 수 없고 이기고 지는 사람도 없는 놀이다. 가볍게 발을 구르며 오르락내리락하는 게 재밌다. 맞은편에 앉은 상대방이 발을 구르면 나는 하늘로 올라간다. 반대로 내가 발을 구르면 상대방이 하늘로 올라간다. 오르락내리락하면서 보이는 풍경은 다르다. 아래로 내려왔을 때 마주하는 풍경과 올라갔을 때 풍경은 다르다. 혼자 앉아 있을 때 볼 수 없는 풍경을 상대방과 함께여서 볼 수 있다.

사회는 끊임없이 경쟁을 요구한다. 경쟁에서 살아남는 승자만이 행복하게 살 수 있다고 우리를 유혹한다. 경쟁보다 협력이 중요하다는 것을 알고 있다. 혼자 가면 빨리 갈 수 있을지 모르지만, 함께 가면 멀리 갈 수 있다는 사실도 안다. 다만, 순간순간 잊고 살아간다.

서로 이기려고 경쟁하면서는 시소를 탈 수 없다. 네가 있어 볼 수 있는 풍경이 있고, 우리가 있어 함께할 수 있는 세상이 있다.

내가 내려가면 네가 올라가.
네가 내려가면 내가 올라가지.
다양한 풍경도 볼 수 있어.

045

말하지 않고 걸으면,
수많은 다른 소리를 들을 수 있어요.
- 『소리 산책』

마음이 울적하거나 답답할 때, 기분이 좋을 때나 슬플 때, 느긋한 기분으로 가볍게 차려입고 한가롭게 동네 한 바퀴를 걷는다. 산책할 때 굳이 음악을 듣지 않는다. 주변 소리에 귀 기울이며 걷는다. 듣는다는 것은 내가 먼저 대상에게 가까이 다가가는 것이다. 소리에 귀 기울이며 걷다 보면 어느새 마음이 고요해진다.

유유히 흘러가는 강물을 따라 걷다 보면 종종 강 언저리에 나타나는 오리 떼를 만나기도 한다. 비가 올 때도 걷는다. 빗방울 소리와 물 냄새. 비 오는 날은 유독 초록 잎들이 더 반짝인다. 아이들 웃음소리, 할머니의 지팡이 소리, 바람에 날리는 꽃잎과 실려 오는 꽃향기, 오솔길 흐드러지게 올라온 이름 모를 풀들의 내음, 온 하늘을 붉게 물들인 저녁노을에 오감이 열린다. 마음의 문이 열린다. 도시 소음에 묻혀 있던 온몸의 원초적 감각들이 활짝 열리는 순간이다. 말하지 않고 걸으면 주변의 수많은 소리를 들을 수 있다. 소리 산책으로 만나는 순간은 자연 그대로를 느끼는 시간이다.

말하지 않고 걸으면,
수많은 다른 소리를
들을 수 있어요.

어떤 걱정 상자는 말 한마디에 없어질지도 몰라.
– 『걱정 상자』

사는 게 걱정투성이이다. 이래도 걱정, 저래도 걱정. 그 굴레를 벗어나지 못하는 게 인간사다. 누구나 수많은 걱정거리로 머릿속이 복잡하다. 그중 어떤 것은 일어나지도 않을 일을 미리 끌어온 막연한 걱정이기도 하다.

하지만 걱정을 조금 멀리 밀어놓고 지켜보면, 강하게 마음을 짓누르던 커다란 걱정이 좀 작아진다. 걱정도 습관이다. 걱정을 태산같이 하면 태산이 되고, 걱정을 붙들어 매 놓으면 걱정할 일이 없다. 걱정을 없애는 진짜 방법은 '마음을 바꾸는 것'이다. 상황은 달라지지 않으니 상황을 바라보는 프레임을 바꾸는 거다. '괜찮아!', '잘 될 거야!', '할 수 있어!', '나도 그래!', '사랑해!'라는 말 한마디로 걱정거리를 펑! 펑! 펑! 사라지게 할 수 있다.

물론, 말 한마디로 작아지지도, 달라지지도, 사라지지도 않을 수 있다. 하지만 걱정거리 앞에서 얼마나 여유로운 마음을 가지는지에 따라 달라진다. 이런 말들로 걱정을 당차게 이겨낼 수 있도록 자신에게, 친구에게 용기와 응원을 보내보자.

어떤 걱정 상자는 말 한마디에
없어질지도 몰라.

047

비어 있어야 다른 사람의 마음도 담을 수 있어요.
― 「비움」

예전엔 '비움'이라는 말을 들으면 가난이 먼저 떠올랐다. 그런데 요즘은 '채움'이 더 큰 문제로 다가온다. 집 안에 물건이 가득한데도 또 주문한 택배, 꽉 들어찬 냉장고, 사놓고 읽지 못한 책들. 어디 물건뿐인가? 사람 관계와 일정 또한 꽉꽉 채워져 있어 빈자리를 찾기가 쉽지 않다.

비우라고 하는데, 비우면 가벼워지고 여유로워지고 자유로워질 것을 아는데도 그게 참 어렵다. 정리가 쉽지 않아 정리대행사를 부르기도 하는 시대가 되었다. 물건 정리는 그렇게라도 할 수 있지만, 마음과 관계 정리는 누가 대신해 줄 수 없다. 아는 사람은 많지만, 그 안에서 더 외로워진 나를 느낄 때가 있다. 나만 바라보던 마음을 줄이고, 내 욕심으로 붙잡고 있는 관계들도 덜어내야 진정한 만남이 들어설 자리가 생긴다. 누가 대신해 줄 수 없으니 나를 위한 정리 시간을 내야겠지. 그런 시간이 진정한 휴가일 것이다. 비움의 시간을 내는 연습부터 해봐야겠다.

비어 있어야 다른 사람의 마음도
담을 수 있어요.

네가 내 아이라는 것, 그게 바로 기적이야.
― 『너는 기적이야』

   문득 내가 세상에 태어나 살고 있다는 사실이 참 놀라운 일이라는 것을 깨닫는다. 이 순간, 바로 여기에서, 내가 살아가고 있다는 것은 기적이다. 마찬가지로 내가 만나는 아이들의 존재도 하나같이 기적이 아닐까? 이 땅의 많고 많은 교사와 학생 중에 바로 이 아이들과 내가 만난 것도 기적이다. 그보다 놀라운 기적은 나로 인해 이 아이들이 무언가를 배우고 자란다는 것이다. 내가 누군가의 기적이 될 수 있다면 이 얼마나 멋진 일인가! 봄에 만나고 겨울에 헤어지는 것을 반복하면서 처음 교사가 되어 학생들 앞에 섰을 때의 떨림과 감동은 점점 옅어지고 익숙해지겠지만, 새로운 만남 앞에서는 늘 설렌다.

   사람들은 평범하게 살아가다가 가끔 기적을 만난다. 누군가는 평범한 삶 그 자체가 기적이기도 하다. 너무도 당연한 것이 기적처럼 느껴질 때, 그 당연한 대상을 더욱 아끼고 사랑할 수 있게 된다. 기적이 일어나기를 기다리기보다는 사랑하며 매일매일 기적을 만들어야겠다.

네가 내 아이라는 것, 그게 바로 기적이야.

모든 '문제'들은 좋은 무언가가 될 수 있는 '기회'를 가진다는 것이에요.

— 『'문제'로 무엇을 할 수 있을까?』

 살면서 수많은 문제를 직면한다. 문제가 바로 해결되면 좋겠지만, 그렇지 않은 경우가 훨씬 많다. 문제가 생기면 제대로 바라보고 해결할 방법을 찾기보다는 문제를 회피하려고 한 적이 많다. 문제가 아니라고 외면하기도 하고, 문제가 있어도 아무 일도 생기지 않을 거라고 생각했다. 문제를 직면하지 않고 피하려고 하면 할수록 문제는 내 곁을 더 따라다닌다. 그러다 문제는 점점 커져 감당할 수 없게 된다.

 문제로 인해 고통스러울 때면 외면하지 말고 문제에 뛰어들어야 한다. 객관적으로 바라보고 어떻게 하면 해결할 수 있을지 고민해야 한다. 그것이 바로 문제를 대하는 태도이다. 그러다 보면 문제를 해결하는 과정에서 새로운 배움이 생긴다. 나도 모르게 어느새 성장한 자신을 발견한다. 그렇다. 문제들은 좋은 무언가가 될 기회를 제공한다.

모든 '문제'들은 좋은 무언가가 될 수 있는
'기회'를 가진다는 것이애요.

적성에 맞지 않는 곳이라도 조금은 버텨 봐야 한다는 것,
견디다 보면 언젠가 좋은 날이 올 수도 있거든요.
- 『우리는 당신에 대해 조금 알고 있습니다』

   좋아하는 일을 하며 살아가는 사람이 얼마나 될까? 사람들은 대개 적성에 맞지 않더라도 맡겨진 일을 감당하며 살아간다. 가족을 위해, 장래를 위해 또는 피할 수 없는 상황 때문에 버티는 것이다. 출근하기 싫지만 매일 아침 정해진 시간 출근길에 오르고, 하루라도 안 하면 바로 드러나는 반복되는 일상들, 날마다 똑같은 일을 반복하며 살아간다.

   좋아하는 일만 하며 살 수 있다면 얼마나 좋을까? 극도로 싫어하지만 않는다면, 지금 내가 있는 그 자리에 있어봄도 필요하다. 그 시간을 통해 원하지 않았던 진주를 발견할 수도 있다. 견딤의 시간으로만 배울 수 있는, 무슨 일이든 끝까지 가보는 인내라는 단 열매를 얻을 수 있다. 살다 보면 살아진다. 원하지 않았던 일도 하다 보면 하게 된다. 버티고 견디다 보면 새로운 길을 발견할 수도 있다.

적성에 맞지 않는 곳이라도 조금은 버텨 봐야 한다는 것.
걷다 보면 언젠가 좋은 날이 올 수도 있거든요.

나도 저래 젊을 때가 있었지….
/
『막두』

누구나 꽃 같은 시절이 있다.
인간이 경험하는 희로애락의 길을 한 번씩은 걸어오면서
여전히 자신의 자리에서 치열하게 살고 있는 이들이 있다.
그들에게 가장 아쉬운 것이 무엇일까?
바로 젊음일 것 같다.
직업과 재산, 지위와 권력 그 모든 것을 가졌어도
결코 되돌릴 수 없는 시절이 있다.
그 시절이 비록 전쟁과 가난, 고난과 이별로
점철되었을지라도 돌아보면 젊었기에 눈부시고 아름다웠을
것이다.
비록 세월의 뒤안길에서 지팡이를 짚고 걸어가고 있지만,
한때는 그 어떤 꽃보다 아름다웠으리라.

석양이 드리우는 하늘 끝으로 저물어가는 태양을 바라본다.
지금까지 참 열심히 살았다.
젊음은 상대적이다.
어디를 바라보느냐에 따라 후회가 되기도 하지만
때로는 위로가 되기도 한다.
저 태양은 지겠지만 아직 남은 오늘,
내일보다 젊은 오늘을 만끽해야겠다.

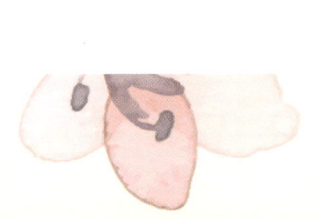

051

저게 저절로 붉어질 리는 없다.
- 『대추 한 알』

   저절로 그리되는 일은 없다. 시간과 노력은 거짓말을 하지 않는다. 남의 논의 누런 곡식이 저절로 그리되었을 리 없고, 남의 과실 나무의 주렁주렁 달린 과일이 저절로 그리되었을 리 없다. 내 것도 그렇고 남의 것도 다 그렇다.

   인생도 말하여 무엇하겠는가. 인생은 수많은 나날 고난의 연속이다. 하지만 가을날 영근 대추 알이 태풍과 천둥 벼락, 무서리 땡볕을 견디고 붉디붉은 대추 알로 존재하듯이, 나날의 삶에 주어진 고난도 나를 단단하게 만들어준 담금질이었을 것이다. 그런 인생의 무수한 담금질이 지금 여기 내 삶의 모습으로 존재하는 것이다.

   한 나무에 매달린 대추 알알이 더할 것도 덜할 것도 없이 비바람 견디어 햇빛 달빛 받은 축복의 귀한 존재가 되었듯이 인생사도 그리 다르지 않다. 한 사람 한 사람의 인생사도 다 치열한 인생살이를 살아내 온 축복의 결실임이 틀림없을 것이다.

저게 저절로 붉어질 리는 없다.

때때로 네게 들려오는 모든 말들이
미움에 가득 찬 말들이겠지만,
세상에는 상상하는 것보다 훨씬 더 많은 사랑이 있어.
-「소년과 두더지와 여우와 말」

 아무리 해도, 아무리 겪어도 익숙해지지 않는 일이 있을까? 내가 맡은 일들, 집안 살림, 아이와의 관계 모두 태어나 처음 하는 일들이라 시작은 힘들고 엄두가 나지 않지만 그래도 시간이 지나면 조금씩 익숙해진다.
 그런데 불편해진 관계 속에서 들은 가시 돋친 말은 익숙해지지도 않고 적응도 되지 않는다. 오해로 인해 그저 툭 던져진 말들도 생채기를 남기지만, 특별히 애쓰고 공들인 관계에서 그런 말을 들으면 그 상처는 훨씬 깊고 아프다. 진심을 알면서도 악의를 담고 한 말은 서운함이 더해져 상처가 덧나 정말 오래간다.
 이런 말들로 상처받고 마음이 닫혀 있을 때, 그 마음을 열어주는 건 나를 믿어주는 이들의 작은 몸짓이다. 가만히 잡아주는 손길에서, 어깨를 툭 치며 씩 웃어주는 미소에서 다시 살아갈 힘을 얻는다. 그 손길과 미소를 되돌려 줄 날을 생각하며 또 한 번 세상을 향해 마음을 열어본다.

때때로 내게 들려오는 모든 말들이
미움에 가득 찬 말들이겠지만,
세상에는 상상하는 것보다 훨씬 더
많은 사랑이 있어.

다시 한 번 날아 볼까?
– 『알바트로스의 꿈』

   날개가 너무 크고 무거워 한 번도 날아보지 못한 새가 있다. 그 이름은 알바트로스. 자유롭게 나는 새들을 부러워하기만 했다면 알바트로스는 결코 날 수 없었을 것이다. 자신이 처한 상황을 비관하고 불평만 해서는 절대 원하는 것을 얻을 수 없다.

   꿈을 이루려면 앞을 보며 묵묵히 걸어야 한다. 두려움 가득 안고 어두운 터널을 통과해야 할 때도 있다. 외롭고 무섭겠지만, 좌절하지 말고 도전해야 한다. 포기하는 순간 날 기회는 영원히 사라지고 말 것이다. 크고 무거운 날개를 자신의 힘으로 펼치고 힘차게 펄럭일 수 있을 때까지 멈추지 말아야 한다. 그렇게 날개를 펴고 움직이면서 서서히 힘이 생기고 요령을 알게 된다. 지혜와 용기도 갖게 된다. 자신감도 생긴다. 마침내 크고 무거운 날개는 내가 그토록 원하던 곳으로 데려다줄 것이다.

다시 한 번 날아 볼까?

054

비구름 생각은 단지 네가 떠올리는 수백, 수천 가지
생각 가운데 하나일 뿐이야. 그걸 알아차린 다음에는
비구름 생각이 천천히 흘러가도록 그냥 놓아두면 돼.
-『너의 마음은 하늘과 같아』

하늘은 수시로 변한다. 비구름 하나 없이 청명한 하늘이 갑자기 폭풍우가 몰아치며 사나워지기도 한다. 하얀 뭉게구름으로 가득했던 하늘이 먹구름으로 온통 뒤덮이기도 한다. 늘 푸른 하늘만을 바라보면 좋겠지만, 하늘은 이를 허락하지 않는다.

마음은 하늘과 같다. 비구름 하나 없이 평온할 때도 있지만, 비구름이 잔뜩 낄 때도 많다. 비구름처럼 초조하고 불안한 생각이 밀려올 때는 어떻게 해야 할까? 비구름 생각을 해결하려고 몰두하면 할수록 비구름은 쉽게 없어지지 않는다. 오히려 더 커져 자신을 옭아매고 만다. 그럴 때 조용히 마음을 들여다보면 된다. 비구름 생각은 수많은 생각 중 하나일 뿐이다. 비구름 생각이 흘러가도록 그냥 놓아두면 다시금 마음이 평온해질 것이다.

비구름 생각은 단지 네가 떠올리는 수백,
수천 가지 생각 가운데 하나일 뿐이야.
그걸 알아차린 다음에는 비구름 생각이
천천히 흘러가도록 그냥 놓아두면 돼.

055

살아있는 모든 것에는 시작과 끝이 있단다.
그 사이에만 사는 거지.
– 『살아있는 모든 것은』

생명은 태어나 자라고 죽는다. 시작이 있고 끝이 있다. 사람도 풀도 나무도 하늘의 새들과 바다의 물고기, 아주 작은 벌레까지도 그 사이에서 살아간다. 모두 생로병사를 거친다. 어떤 생명체도 영원히 살지는 못한다. 오래 사는 것도 있고 짧게 마감하는 생명도 있지만, 생을 다하면 죽는다. 영원히 살고자 불로초를 찾아 천하를 헤매었던 진시황도 결국 죽었다.

만약, 영원히 살 수 있다면 그것은 축복일까? 끝이 없고 영원하다면 과연 행복할까? 끝이 있다는 것은 어찌 보면 다행이다. 죽음이 있기 때문에 오늘을 의미 있게 살 수 있고, 고통과 아픔도 언젠가는 끝날 것임을 알기에 참고 견딜 수 있다. 남은 날이 얼마일지는 알 수 없지만, 살아있는 동안, 호흡하는 동안 내게 주어진 생명의 환희를 만끽하자.

살아있는 모든 것에는 시작과 끝이 있단다.
그 사이에만 사는 거지.

056

모든 것들은 그저 다시 돌아오게 되어 있어.
- 『풍선은 어디로 갔을까?』

세상은 돌고 도는 거라고 누군가 말했다. 어떤 어르신 사십구재 다음 날 아침, 창밖에 처음 보는 새가 날아와 울어대더라며 반색을 하신다. 남편인 게 틀림없다며 그렇게 다시 돌아왔다고 마음으로 맞았다. 상실감을 겪는 그녀에게 엄청난 위안이다.

그렇게 돌아온 오늘은 어제와는 다르지만, 전혀 새로운 것도 아니다. 어제 없는 오늘이 없고, 오늘 없는 내일이란 없다. 세상은 그렇게 물고 물려 돌아간다. 그러니 오늘이 세상 마지막인 것처럼 절망할 필요도 없고, 내일이 있으니 오늘을 가벼이 여길 일도 아니다.

지는 해를 안타까워하지만, 다음 날 해는 또 떠오른다. 인생살이도 그렇다. 이 세상 모든 것이 영원할 리 없다. 잃어버려 안타까워서 밤을 지새우던 나날도 잊어버려야 살아진다. 때가 되었는데 놓아주지 못하는 것도 욕심이다. 세상 이치가 그렇거든 거스르지 않아야 한다. 다시 돌아온다는 믿음으로 내려놓아야 한다.

모든 것들은 그저 다시 돌아오게 되어 있어.

057

수박 싹 제가 절로 난 줄 알도록
무심한 듯 모른 척해 주어야 한다.
― 『수박이 먹고 싶으면』

좋은 생각이 나서 그걸 회의 때나 제안서 등으로 발표하면 지지하고 칭찬해주는 대신 자기 덕분에 그 아이디어가 만들어진 듯 생색을 내는 상관이나 동료가 있다. 그럴 땐 정말 김이 빠진다. 아이가 스스로 만든 근사한 결과물이나 상황 앞에서 자랑스러워할 때 어른들 말을 잘 들은 덕이라고 말해서 아이가 느끼는 성취감을 반감시키는 경우도 종종 있다.

마음껏 성취감을 느낄 수 있도록 그냥 두면 얼마나 좋을까? 수박이 싹을 틔우기 전에 농부는 흙을 고르고 거름을 주며 많은 노동을 하지만, 수박 싹이 올라오면 짐짓 모르는 체한다. 스스로 흙을 뚫고 올라온 기쁨을 충분히 누려야 더 힘을 내어 잎도 내고 꽃도 피울 마음이 생긴다는 걸 알기 때문이다. 누군가의 성취와 성장 앞에서 내가 준 도움을 애써 기억해내어 생색을 내려 한 적은 없는지 한 번 더 돌아보게 된다. 다른 이의 성장과 성취를 진심으로 축하하고 기뻐하는 어른다운 어른이 되고 싶다.

수박 싹 제가 절로 난 줄 알도록
무심한 듯 모른 척해 주어야 한다.

058

세상이 변했다면 나도 변하면 되지.
- 『더우면 벗으면 되지』

모든 문제에는 답이 있다. 쉬우면 쉬운 대로, 어려우면 어려운 대로 답을 찾아가는 것이 삶이다. 때로는 아주 쉬운 답을 눈앞에 두고 어려운 답을 찾아 헤매기도 한다. 복잡하고 어려울수록 단순하게 생각하면 의외로 술술 풀릴 수 있다. 문제가 있으면 원인이 있고, 원인을 찾으면 해결 방법이 보인다. 스스로 해결할 수 있는 것도 있고, 시간이 해결해주는 것도 있다.

더우면 어떻게 해야 할까? 벗으면 된다. 겹겹이 껴입고 열심히 부채질을 해봐야 땀은 식지 않는다. 그래도 더우면 시원한 얼음물 한 잔 마시고, 그래도 더우면 먹을 감으러 가야지. 잠시 하던 일을 멈추고 시원한 계곡에 발이라도 담그고 오면 어느새 더위는 물러가고 서늘한 바람이 불어올 것이다. 세상이 변했으면 어떻게 해야 할까? 나도 변하면 된다. 세상은 변했는데, 고집만 부리고 있으면 나만 손해다. 간단한 해답이 떠오르지 않아 머리 싸매고 고민하면 시간만 흐를 뿐이다. 때로는 단순하게 살자.

세상이 변했다면 나도 변하면 되지.

어떤 마음을 먹느냐에 따라 세상 사는 맛이 달라진대요.
오늘은 어떤 마음을 먹었나요?
- 『마음먹기』

   달걀 프라이도 쉬운 게 아니다. 뜨겁게 달군 프라이팬에 기름을 두르고 달걀을 올려놓은 다음, 한쪽이 익으면 적절한 타이밍에 뒤집어야 하는데 그렇지 못해 자주 달걀을 태우곤 한다.
   사람들은 음식뿐만 아니라 마음을 가지고도 요리를 한다. 마음을 두드리기도 하고 뒤집기도 하면서 말이다. 나도 매일 마음 요리를 열심히 하지만 늘 서툴다. 특히 힘들고 어려운 일을 마주할 때면 더욱 그렇다. 마음을 두드리고, 바싹 졸이다 결국 마음이 타 버리고 만다.
   달걀이 타 버리면 새로운 달걀로 다시 요리를 시작하면 된다. 마음 요리도 다르지 않다. 마음이 타버리면 미련 없이 버리고 새로운 마음 요리를 시작하면 된다. 다시 시작할 수만 있다면 마음 요리를 완성할 수 있다. 모든 것은 오로지 내 마음이 지어내는 것이다. 어떤 마음을 먹느냐에 따라 세상 사는 맛이 달라진다. 오늘도 새롭게 마음을 먹어본다.

어떤 마음을 먹느냐에 따라
세상 사는 맛이 달라진대요.
오늘은 어떤 마음을 먹었나요?

세상이 아무리 시끄러워도
그 자리에서 묵묵히 잎을 키우고 열매를 맺는 너
— 『연남천 풀다발』

하루가 다르게 세상이 변한다. 내일을 예측할 수 없다. 4차 산업혁명, 인공지능, 메타버스 등 영화에서나 보던 일이 현실이 되었다. 지금도 세계는 기후 위기, 전쟁, 테러 등으로 난민, 고아들이 울고 있다. 코로나 팬데믹으로 삶이 더 각박해졌다. 이런 뉴스를 들을 때마다 신경이 곤두선다.

시끄러운 세상사에 몰두하다 보면, 어디에 서야 할지 어떻게 해야 할지 몰라 허둥대는 자신을 발견한다. 그럴 때 주변에 있는 풀 한 포기, 이름 모를 꽃을 보고 배운다. 사람들의 발길이 닿지 않는 곳, 버려진 화분 등 어떤 조건에서도 자신이 있는 자리에서 묵묵히 뿌리를 내리고 잎을 피운다. 결코 서두르거나 뽐내지 않는다. 다른 꽃이 질 때 피는 꽃도 있다. 저마다의 계절이 다르다. 된서리 눈보라 맞으며 위태위태하게 살아가는 하루하루. 당장은 시리고 혹독하지만, 묵묵히 제 자리에서 뿌리내리고 견디다 보면 열매를 맺을 것이다.

세상이 아무리 시끄러워도
그 자리에서 묵묵히 잎을 키우고
열매를 맺는 너

우리가 지나간 자리, 그 자리마다
새로운 아침 별이 내리쬔다

"엄마, 나는 왜 다른 아이들보다 달리기를 못해요?"
"맨 뒤에 가다가 누군가 넘어졌을 때
네가 일으켜 주라고 그런 거지."
— 『작고 하얀 펭귄』

    때론 '난 왜 이렇게 부족하지?'라고 뒤처진 낙오자가 된 느낌이 들 때가 있다. 이런 열등감은 살다 보면 누구에게나 한 번쯤 엄습해온다. 그럴 때 많은 사람도 필요 없다. 나를 믿어주고 응원해주는 딱 한 사람만 있으면 된다. 성공보다 실패를 더 많이 겪으며 살아가는 게 인생이다. 그럴 때 노력이 부족해서, 의지가 약해서, 극복하지 못했다고 결론을 내리면, 부족한 점에 집중하게 되면서 더더욱 자신을 위축시킨다. 열심히 하지 않았기 때문이라는 자책으로 위축되지 않도록 응원받을 수 있어야 한다.

    때론 정면으로 경쟁해서 승자가 될 수 없는 뻔한 순간도 있다. 그건 누가 누구보다 우월하거나 부족해서가 아니라 서로 다를 뿐이다. 모든 걸 잘하는 사람은 없듯이, 모든 걸 못하는 사람 또한 없기에, 내 장점에 맞는 다른 역할이 있다는 믿음을 가져야 한다. 나대로 살면 될 것을 끊임없이 다른 사람과 비교하며 열등한 생각에 사로잡히는 것은 자기 인생을 망치는 일이며, 행복을 위해 가장 경계해야 할 일이다.

"엄마, 나는 왜 다른 아이들보다 달리기를 못해요?"
"맨 뒤에 가다가 누군가 넘어졌을 때 네가 일으켜 주라고 그런 거지."

시간이 흐르면 잃는 것도 있고…
때로는 얻는 것도 있어!

− 『시간이 흐르면』

벽에 커다란 시계가 하나 걸려 있다. 초침과 분침과 시침이 아주 커서 시간이 지나가는 게 선명히 보인다. 초침이 지나가는 모습은 그냥 물이 흐르는 거 같다. 컴퍼스로 신중히 원을 그리듯 멈춤 없이 시계를 한 바퀴 돈다. 그렇게 또 1분이 지난다. 내가 멍하니 초침을 본 그 1분이 누군가에겐 절체절명의 순간일 수도 있고, 일생일대의 계기일 수도 있었겠다.

시간이 흐른다는 말은 낡고 늙고 희미해지는 것들과 자주 연결된다. 하지만 시간이 흘러야 비로소 가치로워지고 선명해지고 깨닫게 되는 것이 많다는 걸 이제는 좀 알겠다. 시간은 빛나는 피부와 윤기 나는 머리카락을 가져갔지만, 왜 사람에게 입이 하나이고 눈과 귀는 두 개씩인지를 분명히 깨닫게 해주었다. 나 혼자 잘나서 살아지는 것이 아니고 여러 존재 덕분에 살고 있음도 알게 해주었다. 시간이 준 선물들이다. 다시 시계를 본다. 초침의 움직임을 보니 물 흐르듯 사는 게 잘 사는 거라고 알려주는 듯하다.

시간이 흐르면 잃는 것도 있고…
때로는 얻는 것도 있어!

나의 리듬으로,
세상과 함께 움직인다.
— 『가끔씩 나는』

시간이 생기거나 여유가 있을 때면 가끔 걷는다. 가까운 공원까지 걸어갈 때는 아주 빠르게 걷는다. 공원에서 나무와 꽃을 구경할 때는 아주 느리게 걷고, 사진을 찍을 때는 멈춰 서기도 한다. 때로는 적당한 바위에 앉아 잠시 하늘을 올려다보기도 한다.

걸을 때 보폭은 자신이 편하게 내디딜 수 있는 만큼이 가장 좋다. 앞서가는 사람을 제치려고 무리하여 보폭을 키우면 빨리 지친다. 보폭을 줄여 종종걸음을 친다고 해서 빨리 갈 수 있는 것도 아니다. 자신의 리듬으로 호흡하며 걸어야 만족스러운 산책이 된다.

저마다의 보폭으로 세상을 향해 내딛는 발걸음은 삶에 대한 마음가짐과 통한다. 내 능력 이상의 것을 욕심 내지 말고, 다른 사람들과 비교하지도 말고, 자신만의 리듬으로 세상을 향해 걸어가면 좋겠다. 나만의 리듬으로 걸으며 세상의 리듬에도 귀를 기울일 것이다. 세상과 함께 움직이며 아름다운 하모니도 이룰 수 있을 테니까.

나의 리듬으로,
세상과 함께 움직인다.

남들이 어떻게 생각하느냐가 아니라
내가 어떻게 생각하느냐가 중요하단다.
- 『너는 특별하단다』

    특별함은 사전적 의미로 '보통과 구별되게 다르다'는 뜻이다. 사회에서는 사람들을 보통 사람, 특별한 사람으로 구분하기를 좋아한다. 흔히 남들과 다른 특기, 재능을 지녀서 어떤 일에 특출난 성과를 거두거나 뛰어난 업적을 이룬 경우에 특별한 존재라며 칭송한다.

    재능, 성과, 업적 등이 사람을 특별하게 만드는 건 아니다. 사람은 존재 그 자체로 누구나 특별하다. 우리는 모두 단지 나라는 이유만으로 특별하다. 나는 세상에 단 하나뿐인 존재다. 나와 같은 사람은 세상 어디에서도 없다. 그러니 다른 누구와 비교할 필요도 없다. 남들 시선에 맞춰 자신을 바라보지도 말아야 한다. 다른 사람들이 나를 어떻게 생각하는지는 중요하지 않다. 내가 나를 어떻게 생각하는지가 중요하다. 특별함에는 어떤 자격도 필요 없다. 난 단지 나라는 이유만으로 특별하다.

남들이 어떻게 생각하느냐가 아니라
내가 어떻게 생각하느냐가 중요하단다.

> 이렇게 숫자가 커지는 것은
> 0 자신이 있기 때문이라는 것을.
> - 『ZERO 영』

자신이 아무것도 아닌 텅 빈 숫자라고 생각한 숫자 0. 다른 숫자들처럼 생기지 않은 자신을 한탄하고 어떻게 하면 셀 수 있는 숫자가 될 수 있는지 궁리한다. 어느 날 숫자 7이 말한다. "아무것도 아닌 숫자란 없어, 너도 자신의 좋은 점을 찾아봐." 0은 그제야 깨달았다. '내 속은 텅 빈 게 아니야, 난 무엇이든 될 수 있어!' 그제야 0은 자신이 다른 숫자들과 함께 있을 때 더 큰 숫자가 될 수 있음을 알게 된다.

성장통을 겪으며 자신이 아무것도 아니라고 생각할 때가 있다. 그 어떤 존재 의미와 가치도 찾지 못해 방황한다. 그때 주변 친구들의 따뜻한 위로, 격려의 한 마디는 자존감의 뿌리가 될 수 있다. "너는 특별해, 네가 있어서 이곳이 더 빛나, 네가 얼마나 귀한 존재인데…." 다른 숫자와 함께할 때 0의 자존감이 회복된 것처럼 우리도 다른 사람들과 함께 살아가는 이 세상에서 자신의 존재 의미를 깨닫게 된다.

이렇게 숫자가 커지는 것은
0 자신이 있기 때문이라는 것을.

생각해 봐.
널 가장 행복하게 하는 게 무엇인지.
— 『내 마음이 부서져 버린 날』

　여린 마음이 마른 나뭇잎처럼 바시시 부서져 내리는 것 같다. 어떤 말도 누구도 위로가 되지 않는다. 내적인 힘이 필요할 때다.
　때로는 홀로서기를 해야 할 때가 있다. 아무도 도움이 되지 않는 순간, 나를 살릴 수 있는 것은 내적인 힘이다. 그 힘은 자신을 사랑하고 존중하는 마음에서 시작한다. 나를 사랑하고 존중한다는 건, 자신이 가장 좋아하고 행복해하는 일을 찾아내는 것이다. 그렇게 내면으로부터 찾아진 행복감은 삶의 진짜 미소를 짓게 할 것이며, 타인의 삶에도 긍정적인 영향력을 줄 것이다.
　그러니 앞만 보고 달리다가 지치거나 넘어졌을 때 다른 사람들이 좇는 행복의 기준이 아니라 내가 무엇을 할 때 가장 몰입되며 행복했는지 알아차려야 한다. 누구나 그런 자기만의 시간이나 공간 하나쯤은 마련해야 한다. 스스로 마음을 치유하는 자신만의 안식처 말이다.

생각해 봐.
널 가장 행복하게 하는 게 무엇인지.

우리가 지나간 자리, 그 자리마다
새로운 아침 볕이 내리쬔다
- 「어둠을 치우는 사람들」

    세상은 24시간 쉬지 않고 돌아간다. 대부분의 사람이 잠드는 시간에도 누군가는 깨어 세상이 멈추지 않고 돌아갈 수 있게 한다. 그중 가장 수고하시는 분들 중 하나가 환경미화원이다. 밤까지 지저분한 쓰레기가 어지럽게 널려있던 길들이 다음 날 아침에 지나다 보면 말갛게 치워져 있어 같은 길이 맞나 싶을 때가 종종 있다. 이분들이 며칠이라도 쉬면 세상은 어떻게 될까? 당연하게 만났던 말간 아침 길들이 전혀 당연한 것이 아니었음을 당장 느끼게 될 것이다.

    얼마나 많은 분 덕분에 우리가 살아가고 있는지는 정작 그 일이 잘 돌아가고 있을 때는 모른다. 하지만 잠시라도 멈추면 그 빈자리는 금방 드러난다. 그런데도 힘든 일, 지저분해서 남들이 안 하려 하는 일, 위험한 일을 하는 분들에 대한 고마움을 자주 잊는다. 다시 치워지고 고쳐지고 제대로 움직이게 된 세상에 새 아침 볕이 내릴 때마다 묵묵히 치우고 고쳐주신 분들을 가끔보다는 자주 생각하는 우리가 되면 좋겠다.

우리가 지나간 자리, 그 자리마다
새로운 아침 볕이 내리쬔다

여전히 소중한 오늘이 당신을 기다리고 있답니다.
―『오늘 상회』

  아침마다 간절한 마음을 담아 학급 단체대화방에 또박또박 적는다. "오늘도 좋은 하루!" 담임이 올리는 인사를 학생들이 읽는지 알 수 없지만, 줄어드는 숫자를 보며 오늘을 준비한다.
  최선을 다해 살 수 있는 시간은 바로 오늘, 지금뿐이다. 어제는 이미 지나갔고, 내일은 장담할 수 없다. 오늘을 어떻게 하면 잘 보낼지 고민하다가 어떤 하루가 좋은 하루일까 생각해본다. 일이 술술 풀려 저절로 휘파람이 났던 하루, 맛있는 점심을 먹었던 하루, 친구와 함께 신나게 놀았던 하루, 활짝 핀 꽃 한 송이 눈 맞춤 했던 하루, 뜻하지 않은 행운이 찾아온 하루, 사랑하는 이들과 보낸 하루, 돌아보면 웃음이 나는 하루. 생각만 해도 좋은 하루다.
  꼭 이런 하루만 좋은 하루일까? 때로는 숨이 차게 달려야 할 때도 있고, 비가 내리고 바람이 불 때도 있겠지만, 최선을 다했으면 좋은 하루일 것이다. 최선을 다했다는 건 그만큼 오늘 하루를 소중하게 여겼다는 뜻이다. 소중한 오늘이 쌓여 아름다운 어제가 되었고, 반드시 행복한 내일도 올 것이다.

여전히 소중한 오늘이 당신을 기다리고 있답니다.

혼자서는 힘들어도
너와 함께라면 더 큰 꿈을 꿀 수 있어.
우리는 친구니까.
— 『친구에게』

인디언말로 친구는 '나의 슬픔을 자기 등에 업고 가는 사람'이라는 뜻이다. 삶에서 길고 긴 어두운 터널을 지날 때, 삶의 무게가 버거워 주저앉을 때, 위로와 위안이 필요한 순간마다 곁에 머물며 이야기를 들어주고 다시 일어설 힘을 주는 존재이다.

요즘 참 힘들다. 제대로 되는 일 하나 없다. 마음먹고 무언가를 열심히 해봐도 결과는 늘 좋지 않다. 그런 일들이 쌓이고 쌓이며 무기력해진다. 새로운 도전을 시도할 의욕도 사라진다. 아무런 생각도 없이 하루하루 그냥 살아간다.

이럴 때 힘이 되는 친구가 있어 다행이다. 오랜만에 만나도 어제 만난 것 같은, 이것저것 따지지 않고 고민을 털어놓을 수 있는 친구가 있어 하루를 견딜 수 있다. 혼자서는 힘들어도 그런 친구와 함께라면 세상을 이겨낼 수 있다. 친구야, 내 곁에 있어 줘서 고맙다. 네가 내 친구라서 고맙다.

혼자서는 힘들어도
너와 함께라면 더 큰 꿈을 꿀 수 있어.
우리는 친구니까.

우리들의 이야기가 바로 보물이지.
— 『아버지의 보물상자』

    행복을 가져다주는 파랑새를 찾아 길을 떠난 치르치르와 미치르는 마침내 파랑새를 찾지만, 그곳을 벗어나면 죽거나 다른 색깔로 변한다는 것을 알게 된다. 사랑하는 사람이 곁을 떠났을지라도 그들을 떠올리고 기억한다. 우리의 기억 속에 존재하는 한, 영원히 죽은 것이 아니다. 선조들이 살아온 인생 이야기는 추억이라는 공간에서 건져 올린 진주와 같다.

    행복의 파랑새, 간절한 소망은 우리 삶 곳곳에 존재한다. 우리가 살아온 질곡의 생, 거친 자갈밭에 아침 햇살을 받아 빛나는 찬란한, 저녁 무렵 서산을 넘어가는 해로 온 하늘이 붉게 물들어가는 황홀한 이야기가 숨겨져 있다. 보물은 멀리 있지 않다. 너무 가까이 있어 보지 못하고 발견하지 못하는 것이다. 지극히 평범해 보이고 그리 대단해 보이지 않는 하루하루 일상의 우리 이야기가 바로 지키고 캐내어야 할 보물이다.

우리들의 이야기가 바로 보물이지.

물폭탄이 쏟아진다!
에라 모르겠다!
천천히 걸어가자
여름 소나기 시원하게 내린다

/

「빗방울이 후두둑」

나무가 휘청거릴 정도로 거센 바람과 함께 소나기가
쏟아져 내릴 때는 비를 피하기 쉽지 않다.
우산을 부여잡고 있어도 금방 뒤집혀 버린다.
비를 피하려고 뒤집힌 우산을 들고 목적지까지 힘껏 달려봐도
소용없다.
옷과 몸은 금세 흠뻑 젖고 만다.

그럴 때면 우산을 집어넣고 비를 그대로 맞으며 당당하게 걷자.
'에라 모르겠다!' 하는 마음으로 천천히 걸어가자.
소나기를 피하려고 할 때 보지 못했던 주변 풍경이 보이고,
내리는 비를 맞다 보면 오히려 마음이 편안해진다.

살면서 소나기를 자주 만났고 앞으로도 마주할 것이다.
거센 바람과 비가 두려워 피하려고만 하지 않으려 한다.
'에라 모르겠다!'는 마음으로 당당히 맞서려 한다.
때로는 거센 바람에 넘어지고 소나기에 온몸이 젖는 경험을
해야 삶이 단단해진다.
아무리 세차게 쏟아지는 소나기도 언젠가는 멈추기 마련이다.

더 멋진 세상을 보고 싶다면
우리 스스로가 변화를 만들어가야 해.
- 『다섯 손가락』

사람들은 변화를 두려워한다. 불합리함을 뼈저리게 느끼면서도 이거 말고는 대안이 없다고, 이거보다 못한 상태로의 추락을 걱정하며 안주하려 한다. 삶의 안정을 찾는 일은 중요하다. 하지만 변화에 대한 두려움을 깨뜨리지 못한다면 꿈꾸는 더 멋진 세상을 만나지 못할 것이다.

지금의 문제점을 알지만, 꿈꾸는 새로운 세상은 우리가 알지 못하는 세상이라 확신이 없고 두렵기만 하다. 사람들은 익숙한 것에 편안함을 느끼기 때문에 새로운 변화에는 심리적 저항을 느낀다. 하지만 두려워 변화를 외면하는 순간에도 세상은 끊임없이 변한다. 변화를 유보하는 것은 결국 제자리걸음이 아니라 뒷걸음질이다.

세상살이가 마음 편히 돌아가지 않거든 그때는 바로 변화해야 한다는 것을 알아차려야 한다. 그리고 바로 발을 스스로 내디뎌야 한다. 두려워 변화를 도모하지 않으면 곧 도태되는 것이 자연의 이치이다.

더 멋진 세상을 보고 싶다면
우리 스스로가 변화를 만들어가야 해.

072

네 안의 아이를 언제나 아껴주고
그 목소리에 귀 기울여 주겠다고
− 『어른들 안에는 아이가 산대』

    내 안에 있는 또 하나의 작은 인격체를 '내면아이'라고 부른다. 어린 시절에 충분히 지지와 존중을 받았다면 문제가 없지만, 보호와 지지를 받지 못한 상처받은 내면아이를 간직한 채 어른이 된 사람이 많다. 특정 상황에서 나도 모르게 분노가 자주 일어난다면, 내면아이를 먼저 살펴봐야 한다. 그 상황에서 내 나이와 맞지 않게 유치한 행동을 하는 것에 당황하거나 부끄러워하지만 말고 그 아이의 분노와 결핍을 이해하고 인정해줘야 한다.

    어떻게 만나고 인정해줄 수 있을까? 그 아이에게 이름을 붙여주며 친숙하게 불러주거나, 있는 그대로의 감정을 받아주고 알아주는 데서부터 시작할 때 내면아이의 변화가 시작된다고 한다. 아직 태어나지 않은 아이에게 태명을 지어 늘 좋은 말을 들려주듯이 내면아이에게도 그렇게 해주면 내 삶을 훼방 놓고 당황하게 만들었던 불끈이, 까칠이, 위축이들이 마음을 열고 어른이 된 나와 좀 더 사이좋게 살아갈 수 있지 않을까? 마음속 어린 나야, 우리 잘 지내보자.

네 안의 아이를 언제나 아껴주고
그 목소리에 귀 기울여 주겠다고

073

무언가를 얻기 위해서는
포기도 해야 한다는 것쯤 나도 잘 알고 있어.
- 『몬테로소의 분홍 벽』

  간절히 원하는 것이 생기면 꼭 손에 넣어야 한다. 세상에 공짜는 없다. 원하는 것을 얻기 위해서는 대가를 지불해야 한다. 대가로 돈이나 시간을 지불해야 한다면 문제는 단순해진다. 능력만큼 지불하고 가지면 된다. 그런데 가끔 절대 포기하지 못하는 것을 대가로 지불해야 할 때 문제가 생긴다. 어디까지 양보하고, 무엇까지 내어놓을 수 있을까?

  소중하고 간절한 것을 얻기 위해서는 포기도 해야 한다. 때로는 포기가 가장 빠른 방법일 수 있다. 고양이 하스카프는 몬테로소의 분홍 벽을 보기 위해 편안한 집과 정든 이를 떠난다. 이것을 포기하지 않으면 몬테로소의 분홍 벽에는 절대 도착할 수 없다. 미련 없이 떠날 수 있는 것은 분홍 벽이 '반드시 가야만 하는 곳'이기 때문이다. 진정 원하는 것을 얻기 위해서 한 가지를 포기해야 한다면 과감하게 선택해야 한다. 모두 얻기 위해 욕심을 부리다가는 모두 놓칠 수 있다.

무언가를 얻기 위해서는
포기도 해야 한다는 것쯤 나도 잘 알고 있어.

고래가 정말 보고 싶니?
그렇다면 바다에서 눈을 떼지 마.
기다리고 또 기다리고 또 기다리는 거야.
- 『고래가 보고 싶거든』

    꿈과 희망이 없는 삶은 목적지 없이 망망대해를 부유하는 배와 같이 어디로 나아갈지 몰라 불안하다. 삶의 의미와 존재 의미를 잃고 매일 불안한 마음으로 살아간다. 특히 현재 꿈과 희망이 없는 아이들은 무엇을 위해 살아야 하는지 몰라 방황한다. 열심히 사는 것 같은데 무엇 때문에 이렇게 하루하루 버티고 있는지 몰라 힘겹다.

    아이들에게 꿈과 희망을 심어주는 교사가 되고 싶다. '푸른 바다에 고래가 없으면 푸른 바다가 아니지 / 마음속에 푸른 바다의 고래 한 마리 키우지 않으면 청년이 아니지'라는 시처럼 아이들의 마음속에 푸른 바다의 고래 한 마리 같은 큰 꿈을 키워주고 싶다. 고래가 보고 싶다면 바다에서 눈을 떼면 안 되듯이 아이들이 간절한 마음으로 꿈과 희망을 키우면 좋겠다. 어떠한 유혹에도 흔들리지 않고 자신만의 고래를 키우면 좋겠다.

고래가 정말 보고 싶니?
그렇다면 바다에서 눈을 떼지 마.
기다리고 또 기다리고 또 기다리는 거야.

075

아무도 가지 않았던 새로운 길은
제일 처음 오는 사람에게만 보물을 주기 마련이지요.
- 『아무도 가지 않은 길』

  낯선 길을 갈 때 누구나 두려움이 앞선다. 혹시 이 길이 아니면 어쩌나, 과연 길이 있기는 할까 하는 걱정과 공포가 밀려온다. 그런데 누군가는 그 길을 간다. 모두 다 길이 아니라 하고 모든 사람이 바보라고 비웃어도 보이지 않는 것을 바라보고 미지의 길을 뚜벅뚜벅 걸어가는 사람이 있다.

  아무도 가지 않는 길, 좁고 어둡고 끝이 보이지 않는 길을 가다 보면, 예상치 못한 보물을 발견할 수 있다. 그것은 가 본 자만이 얻을 수 있는 진귀한 경험, 먼저 실행해 본 자만이 누릴 수 있는 특권이다. 넓은 길, 잘 포장된 길, 순탄하고 보장된 길만 가려는 자는 결코 누릴 수 없는 자유와 기쁨을 향유할 수 있다. 자기 내면의 두려움이나 남들이 하는 말 때문에 또는 세상 상식과 편견에 짓눌려 쉽게 포기해버리는 자는 누릴 수 없다. 무엇보다 가장 큰 선물은 바로 새로운 길을 개척한 자기 자신에 대한 믿음과 사랑이다.

아무도 가지 않았던 새로운 길은
제일 처음 오는 사람에게만
보물을 주기 마련이지요.

076

이렇게 살아갑니다. 세상에 태어나 죽을 때까지.
조용히 와서 저마다의 모습으로
한 번뿐인 세상을 살아갑니다.
– 「살아갑니다」

 세상살이에 지쳤다면 잠시 자연을 벗 삼아 보는 것도 좋다. 빗소리를 들으며 걷노라면, 온 세상 하얗게 덮은 눈길을 걷노라면, 어느새 모든 시름은 사라지고, 위로받아 충전된다. 그 어떤 것보다 강한 치유의 힘을 가졌다.

 산자락에 가본 적이 있다. 계절마다 소생하며 살아가는 생명체들이 지천이다. 세상에는 수없이 많은 생명체가 자연의 법칙에 따라 앞서거니 뒤서거니 서로 자리를 내어주며 보듬고 공존하며 살아간다.

 태어남도 사라짐도 인간처럼 요란하지 않다. 어제보다 나은 오늘, 오늘보다 나은 내일을 도모하지도 않으며 그저 그렇게 자연스럽다. 그래서 천년만년 그대로이다. 서로 시샘하지 않는 자연을 닮아 자연의 한 귀퉁이를 빌려 살다가 자연 일부로 스며들면 좋으련만. 인간이 자연에서 배울 일이다.

이렇게 살아갑니다.
세상에 태어나 죽을 때까지.
조용히 와서 저마다의 모습으로
한 번뿐인 세상을 살아갑니다.

077

잠시 멈추라고 여름은 더웠고,
눈을 살포시 감아보라고 여름 해는 뜨거웠으며,
들어와 쉬라고 여름 나무는 무성했다는

— 『여름』

'여름' 하면 제일 먼저 다가오는 느낌은 끈끈함이다. 고온다습한 우리나라 여름은 상쾌함과는 거리가 멀다. 뜨거운 햇살과 불볕더위는 여름의 불편한 점일 뿐이다. 그런데 여름이 덥기 때문에 오히려 쉼의 필요와 그늘의 소중함을 알게 해준다는 이 문장에 눈이 번쩍 떠졌다.

아, 그렇구나! 진짜 그랬구나! 여름만 그럴까? 겨울은 추워서 힘들지만, 춥기 때문에 잎을 다 떨군 나무처럼 비우고 다시 시작하는 마음과 온기의 소중함을 알려준다. 봄과 가을은 짧아서 아쉽지만, 순간의 소중함을 알려준다. 그러고 보니 단점만 있는 건 없다. 세상에 존재하는 것들과 일어나는 일들은 모두 나름의 의미를 전해준다. 힘들고 불편한 점만 보면서 견뎌내기에 바빠 그 이면에 담긴 더 큰 의미를 알아차리지 못하고 사는 것뿐이다. 이제 여름이 오면 더위와 끈적함에 대한 불평 대신 나무그늘 아래에서 살포시 눈을 감고 여름이 알려주는 의미와 만나보리라.

잠시 멈추라고 여름은 더웠고,
눈을 살포시 감아보라고 여름 해는
뜨거웠으며,
들어와 쉬라고 여름 나무는 무성했다는

가끔 순한 바람이 불곤 합니다.
바람이 부는 대로 따라가야 할 때지요.
가끔 반대로 바람이 불곤 합니다.
그럴 때면 지나치게 억지를 부려서는 안 되지요.
- 『행운을 찾아서』

  행운은 주인이 없다. 누구나 행운의 주인공이 될 수 있다. 하늘에서 뚝 떨어질 때도 있고, 아무리 기다려도 왔다 갔는지 모를 수도 있다. 묵묵히 자기 삶을 살다 보면 선물처럼 찾아오기도 한다. 어떤 이들은 행운을 잡기 위해 적극적으로 찾아 나서기도 한다. 때로는 확률에 운을 맡기기도 한다.

  착하고 성실하게 사는 사람이라고 해서 반드시 행운이 따르는 것 같지 않고, 그 반대라고 해서 행운이 비껴가는 것 같지도 않다. 행운을 대하는 우리의 태도가 중요한 것 같다. 목표하는 방향과 같은 곳으로 바람이 불 때는 바람이 부는 대로 따라가야 한다. 순한 바람 따라 걷다 보면 굳이 행운을 찾아 나서지 않아도 삶 자체가 행운이 되기도 한다. 원하지 않는 방향으로 바람이 불 때는 어떻게 해야 할까? 바람을 이기려 하기보다는 때를 기다리는 자세가 필요하다. 거센 바람에 밀리는 몸을 다치지 않게 웅크리고 잠시 폭풍을 피해야 할 때도 있다.

가끔 순한 바람이 불곤 합니다.
바람이 부는 대로 따라가야 할 때지요.
가끔 반대로 바람이 불곤 합니다.
그럴 때면 지나치게 억지를 부려서는
안 되지요.

그 순간, '생각'으로 무엇을 할 수 있을지 깨달았어요.
바로 세상을 바꾸는 거예요.
- 『'생각'으로 무엇을 할 수 있을까?』

우리는 늘 생각하며 살지만, 자기 생각을 타인에게 자신 있게 보여주지 못한다. 스스로 다듬어지지 않다고 여기거나, 남들과 다른 이상한 생각이라고 여긴다. 그렇기 때문에 다른 이들이 인정하지 않을 거라고 판단해서 마음속에 품고만 있는 경우가 많다. 세상에 쓸모없는 생각은 없다. 내 생각이 특별할 수 있음을 인정하지 않는다면 생각으로 할 수 있는 것이 아무것도 없다. 어떠한 변화도 만들어낼 수 없다.

아이들의 생각하는 힘을 길러주는 수업을 꿈꾼다. 아이들이 제 생각을 보여주는 것을 두려워하지 않고 친구들과 소통하며 생각을 공유하면 좋겠다. 서로의 생각을 공유하면 이전보다 더 나은 생각을 하게 된다. 이렇게 성장한 아이들은 우리가 살아가는 세상을 좀 더 아름답고 정의롭게 만들 것이다. 생각은 단지 생각으로 그치지 않는다. 생각은 세상을 바꾸는 원동력이다.

그 순간, '생각'으로 무엇을 할 수 있을지 깨달았어요.
바로 세상을 바꾸는 거예요.

여행의 끝은 어쩐지 쓸쓸하지만,
기찻길은 언제든 열려 있으니 안심입니다.
― 「기차」

　여행은 설렘을 동반한다. 새로운 장소에서 낯선 사람과 만나면서 또 다른 세상을 발견하기도 하고 미처 알지 못했던 내 모습을 알아차리기도 한다. 낯선 곳에서 기대하지 않은 환대를 받을 때 이제껏 느껴보지 못한 감동이 밀려오기도 한다. 자신을 미지에 세계에 들여놓고 자기를 객관화하는 시간을 가질 때, 삶에 지쳐 허덕이다 색이 바래버린 나를 돌아보며 다독이게 된다.
　다시 일상으로 돌아오는 여행 끝자락에 서면 아쉬움이 남는다. 길 위에 있고 싶은 마음과 집으로 가고 싶은, 두 마음이 공존하며 까닭 모를 쓸쓸함을 동반하기도 한다. 그러나 길은 언제든 열려 있다. 떠나고자 하면 언제든 다시 떠날 수 있다. 이 선택의 자유로움이 마음의 평온을 가져다준다. 언제든 기찻길 위에 다시 설 수 있기에 우리는 집으로 향할 수 있다.

여행의 끝은 어쩐지 쓸쓸하지만,
기찻길은 언제든 열려 있으니 안심입니다.

여행의 끝은 어쩐지 쓸쓸하지만,
기찻길은 언제든 열려 있으니 안심입니다.

끝은 아마 방향을 바꿔야 할
순간일지도 몰라.

081

세상에는 작을수록 좋은 것이 있단다.
- 『세상에서 가장 큰 집』

더 큰 것, 더 많은 것을 소유하는 것이 곧 자존심인 사람이 있다. 실속 없는 과시는 공허하고 인생을 위험에 빠뜨릴 수 있다.

살아가면서 분수를 지키며 자신의 처지를 벗어난 과욕은 경계해야 한다. 자본주의 사회는 우리의 욕망을 한껏 부풀려 필요 이상의 소유를 부추겨왔다. 이런 자본주의에 물들어 우리는 더 크고, 더 많은 욕망에 집착하는 행복을 추구해왔다.

그렇게 필요하지도 않은 욕망에 끌려다니던 사람들은 공허해하며 더 이상 행복하지 않다. 오히려 소유를 줄여 '미니멀라이프'를 추구하는 사람들이 생겨났다. 많고 큰 소유가 아니라 소소하지만 확실한 행복을 찾아가는 '소확행'을 추구한다.

무리수를 두지 않고 자신의 분수를 지키며 산다는 것은 삶을 제대로 즐길 줄 안다는 것이기도 하다. 자신감이 없어 속이 허하면 능력을 과시하며 분수를 넘겨 허세를 부리게 된다. 하지만 자신의 분수를 알면 존재의 의미를 채우려는 실속 있는 삶을 도모할 수 있다.

세상에는 작을수록 좋은 것이 있단다.

나는 너의 미래를 만들게,
너는 나의 미래를 만들어줘
- 『우리가 만들어 갈 세상』

 지구에서는 지금까지 5차례의 대멸종이 있었다. 5차 멸종 때 사라진 생물이 공룡이다. 그러고 나서 지금까지 대멸종이라 할만한 일은 없었다. 하지만 이제 6차 대멸종에 대한 경고가 여기저기서 들려오고 있다. 그리고 이번에 그 대상은 인간이란다. 언젠가 이 지구상에 살 어떤 대표 생물은 우리가 영화에서 공룡을 보듯 인간을 그렇게 만나는 날이 올까?

 그 어느 때보다 지혜와 힘을 모아야 하는 시기가 지금이다. 우리가 잘못해서 망가뜨린 지구라는 삶터를 조금이라도 회복하려는 노력이 시작되고 있다. 아직은 부족하지만, 위기가 커질수록 회복하려는 노력도 가속도가 붙으리라 생각한다. 부디 되돌아올 길이 남아 있기를 바라는 마음이 간절하다. 나의 미래가 되어줄 다음 세대를 위해 지금 나는 무엇부터 해야 할까? 텀블러와 장바구니를 가방에 챙겨 집을 나서는데 아파트 주차장에 가득 쌓인 재활용품들을 보며 다시 미안하고 답답해진다. 너의 미래를 걱정 말라고 자신 있게 말할 수 있는 어른이 되고 싶다.

나는 너의 미래를 만들게,
너는 나의 미래를 만들어줘

083

인생은 길단다. 정해진 것은 아무것도 없어.
앞으로 무슨 일이 일어날지 더 기다려 보자꾸나.
− 『꼬마 종지』

    그릇마다 모양과 쓰임이 다른 것처럼, 사람들도 저마다 생김새와 능력이 다르다. 자신의 역할에 따라 살아가는 것이 만족스러울 수 있지만, 때로는 다른 역할을 해보고 싶을 때가 있다. 분수에 어울리지 않는 욕심이라고 손가락질을 당할 수도 있다. 하지만 그게 두려워 현실에 안주하며 살고 싶지 않다. 이 세상에는 맛보지 못한 즐거움이 너무도 많을 것이기에!
    인생은 길고, 정해진 것은 아무것도 없다. 시대가 바뀌어 쓸모없던 잡기가 아주 귀한 재능이 될 수도 있고, 깜냥이 조금 부족하면 부족한 대로 알아봐 주는 이가 나타날 수도 있다. 무슨 일이 일어날지 아무도 모르기에 더욱 흥미진진한 것이 인생이다. 하루하루 살아내기 급급할 수도 있지만, 잠시 돌아앉아 숨을 고르고 지혜롭게 인생을 바라볼 수 있는 여유를 가지면 좋겠다.

인생은 길단다.
정해진 것은 아무것도 없어.
앞으로 무슨 일이 일어날지 더 기다려
보자꾸나.

너에 관한 중요한 사실은
너는 바로 너라는 거야.
– 『중요한 사실』

숟가락은 밥을 먹는 데 필요하고, 비는 세상 모든 걸 촉촉이 적시기 위해 내린다. 하늘은 언제나 같은 자리에 머무는 등 각각의 사물은 중요한 본질을 지니고 있다. 문득 궁금해진다. 나에 관한 중요한 사실은 무엇일까?

난 자녀들의 부모이자, 아이들을 가르치는 교사이다. 음악을 들으며 산책하는 것을 좋아하고 홀로 멍하니 있는 시간을 즐긴다. 그림책 읽는 것과 맛있는 음식을 먹는 것을 좋아한다. 이렇게 내 역할 또는 내가 지닌 흥미, 취미 등은 나를 표현해주는 특성임이 분명하다.

하지만 나에 관한 중요한 사실은 아니다. 나에 관한 중요한 사실 바로 나는 나라는 거다. 아기였을 때도 조금 자라서 어린이였을 때도, 더 자라고 자라서 어른이 되었어도 달라지는 건 없다. 난 다른 무엇으로 설명되는 존재가 아니다. 난 단지 나이다. 그게 바로 나에 관한 가장 중요한 사실이다.

너에 관한 중요한 사실은
너는 바로 너라는 거야.

네가 거름이 되어야 한단다.
- 『강아지똥』

  거름은 작물이 잘 자라도록 땅이나 식물에 주는 영양물질이다. 헛간과 마굿간에서 나오는 폐기물, 동물의 오줌, 똥이 섞여서 거름이 된다. 거름은 땅 속으로 녹아들어 다른 작물이 자라게 한다. 농사를 지을 때 비와 햇빛도 필요하지만, 땅에 비옥함이 없으면 작물은 잘 자랄 수 없다. 이 세상에 버릴 것은 하나도 없다.

  자신의 존재감을 드러내며 살아야 할 때도 있지만, 자기 존재를 드러내지 않고 보이지 않는 곳에서 자신을 녹여 땅을 비옥하게 하는 거름처럼 사는 이들도 있다. 오늘도 한 생명이라도 살리는 일에 시간과 재능과 열정을 다해 수고하고 땀 흘리는 사람들이 곳곳에 있다. 그들은 드러나지 않는다. 빛나지 않는다. 누구에게 칭찬받으려 하지 않는다. 숨어 있다. 그러나 그 누구보다 고귀한 삶을 살아가는 이들이다. 기꺼이 자기 삶을 던져 거름이 된 그들이 있기에 우리는 아직도 살 만한 사회, 건강한 사회를 누리는 것이다.

네가 거름이 되어야 한단다.

틀리는 걸 두려워하면 안 돼.
– 『틀려도 괜찮아』

    교사의 질문에 아이들이 조용하다. 정답을 몰라서, 정답이 아닐까 봐 두려운 게다. 남들 다 아는데 나만 모를까 봐, 뭐 그것도 모르냐는 핀잔을 들을까 봐 입을 굳게 닫는다. 모르는 티를 팍팍 내야 배울 수 있다는 학교도 틀린 답에 안전한 공간은 아니다.

    아이러니하게 많이 틀려야 더 잘 알게 된다. 학창 시절 더 많이 틀려본 문제를 더 잘 알게 된다. 틀림의 반복은 연습량을 늘릴 테니 오히려 더 잘 배우게 되는 이치이다.

    학교는 마음껏 틀릴 수 있는 안전한 공간이어야 한다. 틀렸을 때 위축되는 분위기라면 학교를 결코 배움의 터전이라 할 수 없을 것이다. 틀려도 괜찮다고, 마음 놓고 틀려도 된다고, 틀리는 게 오히려 당연하다고, 그렇게 자꾸 틀리다 보면 어느 순간 정말 잘하게 될 거라고, 그래서 자꾸 많이 틀려야 한다고, 말로도 눈빛으로도 진심으로 자연스럽게 틀림이 허용되는, 학교가 그런 곳이 되면 좋겠다.

틀리는 걸 두려워하면 안 돼.

087

모든 우정은 잠시 지나가든 평생 이어지든
애정으로 변하든 불신으로 끝나든 구할 가치가 있다.
- 『우정 그림책』

'친구'라는 말만큼 폭넓고 애매한 말이 있을까? 10분 전에 만났는데도 깊은 동질감을 느끼며 친구라고 여기는 경우도 있고, 7살 아이와 70살 노인이 친구가 되기도 한다. '사랑과 우정 사이'라는 노래 제목처럼 친구라고 부르면서도 마음은 계속 그 이상으로 치닫는 경우도 있다. 때론 가장 친한 친구에게 배신을 당해 삶에 대한 회의를 느낄 때도 있다.

자기 마음속 얘기를 털어놓을 수 있는 한 명의 친구가 있다면 그 사람의 삶은 성공했다고 많이들 말한다. 사랑하는 사람에겐 말할 수 없는 것이 있지만, 친구에겐 정말 그 어떤 고민까지도 다 말할 수 있기 때문이다. 내 부족한 점까지 다 보여줄 수 있고 말할 수 있는 사람이 있다면, 그 사람은 친구다. 업무적 관계에도 치이고, 사랑도 지칠 때 아무것도 묻지 않고 함께 술잔을 기울여줄 한 명이 필요한 순간이 있다. 그런 때에 나를 불러주는 이와 내가 불러낼 이가 늘 한 명은 있으면 좋겠다.

모든 우정은 잠시 지나가든 평생 이어지든 애정으로 변하든 불신으로 끝나든 구할 가치가 있다.

너의 시간은 별의 시간이란다.
한없이 길고 긴 별의 시간.
- 『나는 돌입니다』

지금 이대로 살아도 괜찮은지 의문이 생길 때가 있다. 문득 시간이 너무 느리게 흘러가고 삶의 즐거움이 온통 사라진 느낌이 들기도 한다. 마치 나 자신이 바위처럼 못 생기고 지루하게 살고 있는 것 같을 때 밤하늘의 별을 바라본다. 나도 저 별처럼 시간을 품고 있다고 여기면 반짝일 수 있지 않을까.

즐겁고 행복하게 살고 싶다. 그러려면 무엇이 필요할까? 돈, 집, 자동차, 직업, 연인, 가족, 여행 등일까? 명예나 인기 등일까? 모든 것을 다 갖고 싶지만, 그건 정말 이루기 힘들다. 그렇다면 생각을 바꿔야 한다. 적게 갖고도 큰 행복을 누리는 방법이 있으니까. 있는 그대로의 자신을 사랑하는 것, 가진 것이 적어도 큰 행복으로 가는 지름길이다. 바위처럼 못생기고 울퉁불퉁한 자신의 모습과 꼼짝도 못 하는 처지를 원망만 해서는 결코 행복해질 수 없다. 별의 시간이 흘러 바다에 도착한 조약돌처럼 행복에 한 걸음 더 다가갈 수 있을 것이다. 지금 이 시간은 반짝반짝 빛날 내일을 위한 별의 시간이다.

너의 시간은 별의 시간이란다.
한없이 길고 긴 별의 시간.

그래! 나 개구리다!
− 『그래봤자 개구리』

개구리는 뭍에서 알로 태어나 올챙이를 거치며 성장한다. 뭍에는 개구리의 생명을 위협하는 천적이 아주 많다. 천적과 마주칠 때면 있는 힘을 다해 뛰어오르며 위협에서 벗어나려고 노력한다. 하지만 천적들은 '그래봤자 개구리지'라고 비웃으며 개구리를 공격한다.

살다 보면 어느 순간 자신감도 자존감도 바닥인 채로 위축되어 살아갈 때가 있다. 주위에서 이런 나를 보며 모두 '그래봤자. 너지'라고 한마디씩 하는 것 같다. 사람을 만나기도, 세상에 한 걸음 나아가기도 무서워진다.

개구리는 잠시라도 방심하면 잡아먹히기에 늘 조심스러울 것 같지만, '그래봤자 개구리'라는 말에 '그래! 나 개구리다!'라고 인정하며 당당하게 맞서며 두려움을 이겨낸다. 나를 인정한 순간 두려움은 사라지고 세상에 당당히 맞설 수 있다. 용기를 내어 크게 외쳐본다. '그래 나는 나다.'

그래! 나 개구리다!

090

실컷 놀고 나면 원래 모습으로 돌아올 거야.
- 『놀자!』

놀이는 우리에게 산소와 같은 것이다. 어떤 뚜렷한 목적이 없어도 당연히 누려야 할 권리이다. 놀이를 통해 자신의 욕구를 건강하게 표현하고 관계 맺는 법을 배운다. 놀이를 통해 우리는 자신의 삶을 스스로 시작하고 스스로 멈추게 할 수 있다. 자기 의지에 따라 일상을 이끌어 나가는 법을 배우는 가장 본능적이고 원초적인 방법이 놀이다.

잘 노는 사람이 공부든 일이든 잘할 수 있다. 내 안의 놀이 본능을 해소하고 나면 원래의 모습으로 나만의 순수를 회복할 수 있다. 그제야 타인의 삶도 눈에 들어오게 된다. 자신이 정말 하고 싶은 것, 할 수 있는 것, 좋은 생각이 의식이라는 수면 위로 떠오르게 된다. 따라서 놀이는 낭비가 아니다. 진짜 내 모습을 찾고 만드는 창조의 시간이다. 실컷 놀자. 나를 찾을 때까지 실컷 놀아보자.

실컷 놀고 나면 원래 모습으로
돌아올 거야.

넌 왜 네 마음이랑 다르게 행동하니?

/

『착한 아이 사탕이』

사람은 누구나 사회화 과정을 거친다.
가족 내에서 또래 관계에서 옳고 그름,
해야 할 것과 하지 말아야 할 것을 배우고 익히며
자기 행동을 통제하고 조절한다.
"동생 잘 돌봐야 해, 심부름을 잘해야 해, 인사 잘하고 함부로
떼쓰고 고집부리면 안 돼, 친구들과는 항상
사이좋게 지내야 해"라는 갖가지 지침들을 내면화한다.

그렇게 어른들이 말하는 착한 아이가 되려다 보면,
자칫 자기 마음과 감정을 제대로 표현하지 못하고
갈등하기도 한다.
옳고 그름에 대한 기준은 분명해야 하지만,
자신의 솔직한 마음과 감정까지 숨길 필요는 없다.
울고 싶을 때는 울고 무서울 때 무섭다고 말하고,
화내고 싶을 때 화낼 수 있어야 한다.
그래야 몸과 마음이 건강하다.
자신의 마음속에서 올라오는 기쁨, 분노, 슬픔, 두려움을
억압하지 말자.
있는 그대로 인정하고 착한 아이 콤플렉스에서 벗어나자.

산다는 건 맵거나 쓸 때도 있고,
시거나 짤 때도 있습니다.
달콤할 때도 있고요.
- 「오, 미자」

여성도 사회의 일원으로 살아가는 시대다. 하지만 아직도 여성이 접근할 수 없는 일자리는 존재하며, 육아나 가사노동에 밀려 경력단절을 겪는 여성의 숫자도 만만치 않다. 일을 갖게 되었어도 그리 호락호락하지 않다. '집에서 애나 돌보지' 하는 곱지 않은 시선에 쓴맛을 봐야 할 때도 있다. 여성이라는 이유로 일을 잘 해내지 못할 거라는 고정관념에 맞서서 매운맛을 보여주고 싶을 때도 있다.

하지만 신맛, 짠맛을 마다하지 않고, 그런 쓴맛, 매운맛 뒤에 얻어낸 성취감은 자기 삶에 대한 존재감과 생동감으로 물러설 수 없게 하는 달콤함이다. 특히나 그 맛을 좀 아는 경력단절 여성에게는 더더욱 그 달콤함이 간절하다.

하루하루 용감하고 성실하게 일하는 많은 여성이 지치지 않고 멋지게 인생의 달콤한 맛을 제대로 즐기길 응원한다. 오랜 세월, 누군가의 엄마, 누군가의 아내로 살아오다가, 다시 사회에서 자신의 존재감을 찾으려는 또 다른 '오, 미자'들을 응원한다.

산다는 건 맵거나 쓸 때도 있고,
시거나 짤 때도 있습니다.
달콤할 때도 있고요.

092

인생은 쌓인 설거지가 아니야.
지금도 흘러가고 있잖아.
– 『인생은 지금』

직장 일과 집안일 때문에 늘 바쁘고 때론 벅차기도 하다. 정말 힘든 순간엔 은퇴를 꿈꾼다. 경제력과 건강이 뒷받침되어야 하겠지만 그때는 시간이 많을 테니 뭐든 할 수 있을 거 같다. 그런데 주변에 은퇴하신 분들을 보면 꼭 그렇지만도 않다. "노는 것도 딱 3개월 좋더라" 하시며 하고 싶은 일이나 할 수 있는 일을 잘 찾지 못하는 분도 있고, "이 나이에 뭘" 하시며 나이나 상황을 핑계로 새로운 것을 하지 않으려는 분도 있다. 반대로 멋진 시니어 인생을 살고 계신 분들에 대한 기사나 책을 보면 당장 은퇴하고 싶은 마음이 들 만큼 가슴이 뛴다.

삶은 늘 그날 몫의 할 일이 있다. 하지만 할 일에만 매여 있으면 하고 싶은 일은 자꾸 미뤄진다. 쌓인 설거지만 바라보는 할머니가 되기 전에 내가 하고 싶은 일이 생각날 때마다 차곡차곡 기록해서 다가오는 노년을 반갑게 맞이하리라. 충만하고 설레는 나날로 채워지는 은퇴 이후의 삶을 꿈꿔본다.

인생은 쌓인 설거지가 아니야.
지금도 흘러가고 있잖아.

주먹을 뻗기 전에,
먼저 너의 주먹이 어디로 향하는지를 꼭 생각하렴.
— 『복서』

 복서의 주먹은 날카롭고 강하다. 매일 단련한 그 주먹을 한 번씩 뻗을 때마다 무언가가 부서지고, 깨지고, 무너진다. 사람들은 강한 힘 앞에 경외와 존경을 보낸다. 하지만 곧 그 주먹이 자신에게 향할까 두려워 거리를 둘 것이다. 아무리 강한 존재도 혼자라면 삶에 무슨 의미가 있을까? 강한 주먹일수록 어디를 향해야 하는지 분명해진다. 정의와 평화, 행복을 먼저 생각하는 복서는 외롭지 않을 것이다.

 말을 잘하는 사람은 그 말이 누구를 향할 것인지 꼭 생각해야 한다. 글을 잘 쓰는 사람도 마찬가지다. 재주가 뛰어날수록 쓰임을 깊이 고민해야 한다. 남들에게 없는 재주일수록 귀하고 소중하다. 그 귀한 재주가 누구를 위해, 어떻게 쓰일지 생각해야 한다. 내가 뻗는 주먹이 어디를 향하는지 알고 뻗어야 한다. 뻗어서 후회할 주먹이라면 움켜쥐지도 말아야겠다.

주먹을 뻗기 전에,
먼저 너의 주먹이 어디로 향하는지를
꼭 생각하렴.

실수는 시작이기도 해요.
– 『아름다운 실수』

    실수와 실패는 다르다. 실패는 일을 잘못하여 뜻한 대로 되지 아니하거나 그르친다는 뜻이다. 반면에 실수는 조심하지 아니하여 잘못함을 의미한다. 실수는 실수일 뿐 그 자체로 실패가 아니다. 실수를 어떻게 대하느냐에 따라서 실패 여부가 결정된다. 실수가 실패가 되기도 하지만, 때로는 새로운 시작을 맞는 기회가 되기도 한다.

    포스트잇은 강력한 접착제를 발명하려다 쉽게 떼지는 접착제가 나오자 발상을 전환한 결과로 탄생했다. 얼굴을 그리다 한쪽 눈을 크게 그리는 실수를 저질렀어도 멋진 안경을 그림으로써 얼굴을 더 멋지게 표현할 수 있듯이 실수는 새로운 시작일 수 있다.

    살면서 많은 실수를 저지른다. 실수할 때마다 두려워하지 말고 한 번 크게 웃고 넘어가야겠다. 실수가 실패로 바로 이어지는 것이 아니다. 생각을 바꾸면 실수가 또 다른 시작일 수 있다.

실수는 시작이기도 해요.

강물이 어떻게 흘러가는지 보이지?
너도 저 강물처럼 말한단다.
— 『나는 강물처럼 말해요』

   토론 수업 시간, 유난히 말을 더듬는 아이가 있었다. 유창하게 자기 생각을 표현하는 다른 친구들과 달리, 입 밖으로 쉽게 나오지 않는 단어를 이어가며 천천히 자신의 언어를 쏟아내려 안간힘을 쓰던 아이였다. 더듬더듬 천천히 말했지만, 그 누구보다 자신의 생각을 또렷이 표현하고 있었다. 주눅 들어있던 그 아이의 얼굴이 차츰 밝아졌다.

   깊숙한 곳에 있던 자기 안의 낱말들이 튀어나오게 하려고 혼자서 거울을 보며 수없이 되뇌고 읊조리고 소리쳐보기도 하며 소용돌이치고 굽이치다 부딪치는 내면의 언어들을 길어 올리고자 날마다 연습했다고 했다. 그러면서 서서히 유창하지 않지만 화려하지 않지만 자기 생각을 말로 표현하게 되었다. 자신을 편안하게 받아들이게 되었다. 일렁이는 강물처럼, 부드럽게 천천히 자신을 받아들이게 되었다. 그 아이 얼굴이 왜 환하게 빛나 보였는지 알 수 있었다.

강물이 어떻게 흘러가는지 보이지?
너도 저 강물처럼 말한단다.

내게는 기운이 빠져 힘이 없을 때
내 등을 살짝 밀어주곤 하는 짝꿍이 있답니다.
— 『사랑한다는 걸 어떻게 알까요?』

   누군가 정말 '사랑이 무엇이고 그걸 어떻게 아냐고?' 물어온다면 어떻게 대답할 수 있을까? 갑자기 누군가를 앞에 두고 얼굴이 빨개지고 말을 더듬으며 가슴이 콩닥거리는 느낌, 이것이 사랑일까? 누군가는 그것을 사랑이라고 말한다. 하지만 삶에는 열정적으로 사랑한 로미오와 줄리엣과는 다른 또 비교할 수 없는 수많은 짝꿍이 존재한다.

   혼자가 편해 혼자 하는 삶은 여유롭고 즐거워도 늘 외로움이 따른다. 인간은 다른 존재와의 관계를 통해 행복을 만들어가는 존재이기 때문이다. 기운 빠져 있을 때 살짝 밀어주고, 좋은 것을 양보하고, 자기를 희생하여 대신 어려운 일을 감내해주는, 사랑의 짝꿍들과 함께하는 삶에 또 다른 진가가 있기 때문이다.

   인생은 그런 짝꿍들 때문에 진정 살맛이 난다. 널브러져 일어서지 못할 때 잡아 일으키는 손, 제자리걸음 걷듯이 속도를 내지 못할 때 앞서 끌어주는 손, 그렇게 스며들 듯 내 삶에 찾아와준 짝꿍들이 인생의 길에 동반한다. 귀한 인연들이다.

내게는 기운이 빠져 힘이 없을 때
내 등을 살짝 밀어주곤 하는 짝꿍이
있답니다.

이 세상에 소중하지 않은 이야기는 없어!
― 『환상적인 날아다니는 책』

    페이스북, 블로그, 브런치, 밴드, 인스타그램. 요즘 사람들이 자기 이야기를 공유하는 곳이다. 소소한 일상부터 거대 담론에 대한 의견까지, 어디선가 들어본 듯한 이야기부터 너무도 생소한 소재와 주제까지, 인류가 생긴 이래 이야기는 공기처럼, 물처럼 사람들과 함께해왔다. 다른 사람의 이야기를 듣는 데 만족하다가 자기 이야기를 할 기회가 생기면 내 안에 커다란 이야기 강이 흐르고 있다는 걸 새삼 느낀다. 글을 몰라 자기 이야기를 기록해두지 못했던 할머니들이 한글을 처음 배우고 나서 쓴 시와 삶의 이야기는 참 진솔하다. 아이가 처음 배운 말들을 어설프게 연결해서 말한 이야기를 기록한 마주이야기는 보석처럼 반짝인다. 남에게 꺼내놓기 어려웠던 아픈 상처를 용기 내어 이야기로 풀어내고 나서 치유를 받는 경우도 종종 본다.

    마침내 인생의 마지막 쪽을 채우는 날, 나는 어떤 이야기가 담긴 책을 남기게 될까? 매일의 이야기를 소중히 여기며 자주 기록해둬야겠다.

이 세상에 소중하지 않은 이야기는 없어!

하루가 끝나가도 아무런 희망이 없는 것 같습니다
그러나 문득 바로 앞에 조용히 기다리고 있는 것이 있습니다
밝고 빛나는 모습으로 내가 바라던 바로 그 모습으로

- 『빨간 나무』

  때로는 하루가 시작되어도 아무런 희망이 보이지 않는 날들이 있다. 하루하루 어떻게 견디고 있지만, 상황은 점점 더 나빠진다. 날 이해해주는 사람도, 내 이야기에 귀 기울이는 사람도 없다. 철저히 혼자이기에 더욱 힘들다. 내가 누구인지, 지금 여기서 무엇을 하는 것인지, 어디로 가야 하는지, 아무런 생각이 없다. 생각할 힘조차 없다. 몸과 마음이 바닥으로 향한다. 다시 일어날 힘도 용기도 의지도 생기지 않는다.

  하지만 이대로 포기할 수는 없다. 아무리 힘든 상황에서도 절대 포기하지 않겠다. 언젠가 환하고 빛이 나는 나무가 될 빨간 나뭇잎을 마음 깊은 곳에 품은 아이처럼 희망을 놓지 않으려 한다. 내 마음속에도 빨간 나뭇잎 하나 키워야겠다. 빨간 나뭇잎을 품고 있는 한 절망적인 내 삶도 언젠가 환하게 빛날 것이라는 기대를 품는다.

하루가 끝나가도 아무런 희망이 없는 것
같습니다
그러나 문득 바로 앞에 조용히 기다리고
있는 것이 있습니다
밝고 빛나는 모습으로 내가 바라던
바로 그 모습으로

주위에 아무도 없는데
왕 같은 거 되면 뭐하나
- 『왕이 되고 싶었던 호랑이』

인간은 욕망으로 꿈틀대는 존재다. 자신이 있는 곳에서 왕이 되고 싶은 욕망, 더 높은 자리에 오르려는 욕망, 더 많이 가지고 싶고 좀 더 유명해지고 싶은 욕망이 있다. 자신이 원하는 대로 세상이 움직이길 바라고 자기 뜻대로 조종하고 싶어 한다.

욕망으로 움직이다 보면 놓치게 되는 것이 있다. 자신이 가진 에너지를 모두 쏟아 야망을 좇아가다 보면 주위에 아무도 남지 않는다는 사실을, 왕이 되었으니 원하는 것을 이루었으니 성공했다고 생각하는 것은 자기만의 착각이었음을 나중에서야 깨닫게 된다.

겉으로는 왕을 따르는 듯 보이지만, 돌아보면 아무도 그를 진심으로 아끼거나 좋아하지 않는다. 자기가 만든 탐욕의 세계에 갇혀 착각 속에 사는 것이다. 욕망이라는 전차에 탄 채 질주하다 결국 사람도 잃고 자신도 잃게 된다. 탐욕은 우리 마음의 눈을 가린다.

주위에 아무도 없는데
왕 같은 거 되면 뭐하나

끝은 아마 방향을 바꿔야 할 순간일지도 몰라.
- 「끝의 아름다움」

끝이라고 하면 자연스럽게 마지막이나 죽음, 종료, 한계, 소멸 등이 떠오른다. 경험하기 싫고 피하고 싶은 순간들이지만, 끝이 마냥 부정적인 것만은 아니다. 끝은 새로운 삶의 시작이 될 수도 있고, 삶의 방향을 바꿔야 할 순간일 수도 있다.

애벌레에게 끝은 나비로 살기 위해 평생 기다려 온 순간이다. 알에서 깨어나 애벌레가 되어 무럭무럭 자라 번데기가 되는 순간 애벌레의 삶은 끝이 난다. 이것은 곧 나비가 되어 훨훨 날아오를 순간이 왔음을 뜻한다. 황홀한 끝이다.

길이 끝나는 곳에서 더이상 앞으로 나아가지 못할 때는 방향을 바꾸어 왔던 길을 되돌아갈 수도 있다. 방향이 바뀌면 보이지 않던 나무나 꽃이 보일 수도 있다. 되돌아가기 싫으면 좌회전이나 우회전을 할 수도 있다. 끝을 끝이라고 여기지 않는 한 삶은 계속 이어질 것이다.

끝은 아마 방향을 바꿔야 할
순간일지도 몰라.

그림책 목록

『가끔씩 나는』, 조미자 글·그림, 핑거
『가드를 올리고』, 고정순 글·그림, 만만한책방
『강아지똥』, 권정생 글, 정승각 그림, 길벗어린이
『강철 이빨』, 클로드 부종 글·그림, 이경혜 옮김, 웅진주니어
『걱정 상자』, 조미자 글·그림, 봄개울
『겨울, 나무』, 김장성 글, 정유정 그림, 이야기꽃
『고래가 보고 싶거든』, 줄리 폴리아노 글, 에린 E. 스테드 그림, 김경연 옮김, 문학동네
『균형』, 유준재 글·그림, 문학동네
『그래봤자 개구리』, 장현정 글·그림, 모래알
『기차』, 천미진 글, 설동주 그림, 발견
『길 떠나는 너에게』, 최숙희 글·그림, 책읽는곰
『꼬마 종지』, 아사노 마스미 글, 요시무라 메구 그림, 유하나 옮김, 곰세마리
『끝의 아름다움』, 알프레도 코렐라 글, 호르헤 곤살레스 그림, 이현경 옮김, 소원나무

『나는 강물처럼 말해요』, 조던 스콧 글, 시드니 스미스 그림, 김지은 옮김, 책읽는곰
『나는 돌입니다』, 이경혜 글, 송지영 그림, 문학과지성사
『나는 지하철입니다』, 김효은 글·그림, 문학동네
『난 내가 좋아』, 낸시 칼슨 글·그림, 신형건 옮김, 보물창고
『내 마음은』, 코리나 루켄 글·그림, 김세실 옮김, 나는별
『내 마음이 부서져 버린 날』, 엘리프 예메니지 글·그림, 이난아 옮김, 찰리북
『내 안에 내가 있다』, 알렉스 쿠소 글, 키티 크라우더 그림, 신혜은 옮김, 바람의아이들
『너는 기적이야』, 최숙희 글·그림, 책읽는곰

『너는 어떤 씨앗이니?』, 최숙희 글·그림, 책읽는곰
『너는 특별하단다』, 맥스 루케이도 글, 세르지오 마르티네즈 그림, 아기장수의 날개 옮김, 고슴도치
『너무 울지 말아라』, 우치다 린타로 글, 다카스 가즈미 그림, 유문조 옮김, 한림출판사
『너의 마음은 하늘과 같아』, 브론웬 발라드 글, 로라 칼린 그림, 이재석 옮김, 뜨인돌
『노를 든 신부』, 오소리 글·그림, 이야기꽃
『놀자』, 박정섭 글·그림, 책읽는곰

『다섯 손가락』, 셀마 운글라우베 글, 브루나 바로스 그림, 강인경 옮김, 미디어창비
『다정해서 다정한 다정 씨』, 윤석남·한성옥 그림책, 윤석남 그림, 사계절
『대추 한 알』, 장석주 글, 유리 그림, 이야기꽃
『더우면 벗으면 되지』, 요시타케 신스케 글·그림, 양지연 옮김, 주니어김영사
『두 갈래 길』, 라울 니에토 구리디 글·그림, 지연리 옮김, 살림출판사
『두 사람』, 이보나 흐미엘레프스카 글·그림, 이지원 옮김, 사계절
『때문에』, 모 윌렘스 글, 엠버 렌 그림, 신형건 옮김, 보물창고

『라고 말했다』, 이혜정 글·그림, 길벗어린이

『마음먹기』, 자현 글, 차영경 그림, 달그림
『마음 여행』, 김유강 글·그림, 오올
『막두』, 정희선 글·그림, 이야기꽃
『말의 형태』, 오나리 유코 글·그림, 허은 옮김, 봄봄
『몬테로소의 분홍 벽』, 에쿠니 가오리 글, 아라이 료지 그림, 김난주 옮김, 예담
『무슨 일이든 다 때가 있다』, 레오 딜런 & 다이앤 딜런 글·그림, 강무홍 옮김, 논장
『'문제'로 무엇을 할 수 있을까?』, 코비 야마다 글, 매 베솜 그림, 김구름 옮김, 주니어예벗
『미스 럼피우스』, 바버러 쿠니 글·그림, 우미경 옮김, 시공주니어

『복서』, 하산 무사비 글·그림, 이승민 옮김, 고래뱃속
『비움』, 곽영권 글, 이보나 흐미엘레프스카 그림, 아지
『빈 화분』, 데미 글·그림, 사계절

『빗방울이 후두둑』, 전미화 글·그림, 사계절
『빨간 나무』, 숀 탠 글·그림, 김경연 옮김, 풀빛

『사랑하는 당신』, 고은경 글, 이명환 그림, 엑스북스
『사랑한다는 걸 어떻게 알까요?』, 린 판데베르흐 글, 카티예 페르메이레 그림, 지명숙 옮김, 고래이야기
『살아갑니다』, 최은영 글, 이장미 그림, 시금치
『살아있는 모든 것은』, 브라이언 멜로니 글, 로버트 잉펜 그림, 이명희 옮김, 마루벌
『'생각'으로 무엇을 할 수 있을까?』, 코비 야마다 글, 매 베솜 그림, 피플번역 옮김, 주니어예벗
『선물이 툭!』, 김도아 글·그림, 파란자전거
『세상에서 가장 큰 집』, 레오 리오니 글·그림, 이명희 옮김, 마루벌
『소년과 두더지와 여우와 말』, 찰리 맥커시 글·그림, 이진경 옮김, 상상의힘
『소리 산책』, 폴 쇼윗 글, 리키 브란텐베르 그림, 문혜진 옮김, 불광출판사
『수박이 먹고 싶으면』, 김장성 글, 유리 그림, 이야기꽃
『술래가 된 낙타』, 이윤희 글, 신보미 그림, 하마
『숨이 차오를 때까지』, 진보라 글·그림, 웅진주니어
『슈퍼 토끼』, 유설화 글·그림, 책읽는곰
『시간이 흐르면』, 이자벨 미뇨스 마르틴스 글, 마달레나 마토소 그림, 이상희 옮김, 그림책공작소
『시소』, 고정순 글·그림, 길벗어린이

『아름다운 실수』, 코리나 루켄 글·그림, 김세실 옮김, 나는별
『아마도 너라면』, 코비 야마다 글, 가브리엘라 베루시 그림, 이진경 옮김, 상상의힘
『아무도 가지 않은 길』, 잔니 로다니 글, 폴비오 테스타 그림, 이현경 옮김, 소금창고
『아버지의 보물상자』, 마거릿 와일드 글, 프레야 블랙우드 그림, 김선희 옮김, 노란상상
『아이는 웃는다』, 오사다 히로시 글, 이세 히데코 그림, 황진희 옮김, 천개의바람
『안녕, 친구야』, 강풀 글·그림, 웅진주니어
『알바트로스의 꿈』, 신유미 글·그림, 달그림
『어둠을 치우는 사람들』, 박보람 글, 휘리 그림, 노란상상

『어른들 안에는 아이가 산대』, 헨리 블랙쇼 글·그림, 서남희 옮김, 길벗스쿨
『엄마는 해녀입니다』, 고희영 글, 에바 알머슨 그림, 안현모 옮김, 난다
『엄마의 선물』, 김윤정 글·그림, 윤에디션
『여기보다 어딘가』, 거스 고든 글·그림, 김서정 옮김, 그림책공작소
『여름』, 이소영 글·그림, 글로연
『연남천 풀다발』, 전소영 글·그림, 달그림
『오늘 상회』, 한라경 글, 김유진 그림, 노란상상
『오, 미자』, 박숲 글·그림, 노란상상
『왕이 되고 싶었던 호랑이』, 제임스 서버 글, 윤주희 그림, 김서정 옮김, 봄볕
『우리가 만들어 갈 세상』, 올리버 제퍼스 글·그림, 김선희 옮김, 주니어김영사
『우리는 당신에 대해 조금 알고 있습니다』, 권정민 글·그림, 문학동네
『우리는 언제나 다시 만나』, 윤여림 글, 안녕달 그림, 위즈덤하우스
『우리의 모든 날들』, 로맹 베르나르 글·그림, 이경혜 옮김, 모래알
『우정 그림책』, 하이케 팔러 글, 발레리오 비달리 그림, 김서정 옮김, 사계절
『이까짓 게』, 박현주 글·그림, 이야기꽃
『인생은 지금』, 다비드 칼리 글, 세실리아 페리 그림, 정원정·무루 옮김, 오후의소묘

『작고 하얀 펭귄』, 와다 히로미 글, 미우라 나오코 그림, 김숙 옮김, 북뱅크
『적당한 거리』, 전소영 글·그림, 달그림
『중요한 사실』, 마거릿 와이즈 브라운 글, 최재은 그림, 최재숙 옮김, 보림
『진짜 내 소원』, 이선미 글·그림, 하마
『질문의 그림책』, 이은경 글·그림, 보림

『착한 아이 사탕이』, 강밀아 글, 최덕규 그림, 글로연
『친구에게』, 김윤정 글·그림, 국민서관

『틀려도 괜찮아』, 마키타 신지 글, 하세가와 토모코 그림, 유문조 옮김, 토토북

『풍선은 어디로 갔을까?』, 김채린 글, 송영애 그림, 고래뱃속
『핑』, 아니 카스티요 글·그림, 박소연 옮김, 달리

『하늘을 날고 싶은 아기 새에게』, 피르코 바이니오 글·그림, 이상희 옮김, 토토북

『하루』, 이브 번팅 글, 로널드 힘러 그림, 이현숙 옮김, 보물창고

『행운을 찾아서』, 세르히오 라이를라 글, 아나 G. 라르티테기 그림, 남진희 옮김, 살림어린이

『홈런을 한 번도 쳐 보지 못한 너에게』, 하세가와 슈헤이 글·그림, 김소연 옮김, 천개의바람

『환상적인 날아다니는 책』, 윌리엄 조이스 글, 윌리엄 조이스·조 블룸 그림, 이진경 옮김, 상상의힘

『흔들린다』, 함민복 글, 한성옥 그림, 작가정신

『3초 다이빙』, 정진호 글·그림, 위즈덤하우스

『ZERO 영』, 캐드린 오토시 글·그림, 이향순 옮김, 북뱅크